费曼学习法

高效学习的实用策略和技巧

周艳芳 著

Feynman
Technique

机械工业出版社
CHINA MACHINE PRESS

在这个信息爆炸、节奏飞快的时代，我们都在学习，却不一定真的"学会"。你是否也曾苦背知识却记不牢？你是否也曾讲不清所学、考不出实力？本书就是为你而写的一本打通"输入—理解—表达"闭环的学习实用指南。

本书共分为10章，基于诺贝尔物理学家理查德·费曼提出的学习理念，融合神经科学、认知心理学、学习科学等最新研究成果，系统解析费曼四步学习法：理解概念、简化重述、尝试教授、反思回顾。它不仅能帮助你破解死记硬背的困局，更能引导你构建清晰的逻辑与表达力，养成元认知思维习惯。更具突破性的是，它与时俱进地将AI工具融入学习过程——让学习效率在数字时代成倍提升。这是一本可以改变你与学习关系的书，让你从"被动"迈向"主动"，从"知道"走向"会讲"。无论你是渴望提升成绩的学生、想科学辅导孩子学习的家长、寻求激发课堂活力的教师，还是努力实现自我成长的职场学习者，都可以通过本书掌握一种可迁移、可持续的学习力，真正实现"学得懂、讲得出、用得上"。

图书在版编目（CIP）数据

费曼学习法：高效学习的实用策略和技巧 / 周艳芳著. -- 北京：机械工业出版社，2025.8. -- ISBN 978-7-111-78587-3

Ⅰ. G791

中国国家版本馆CIP数据核字第20259PY500号

机械工业出版社（北京市百万庄大街22号　邮政编码100037）

策划编辑：坚喜斌	责任编辑：坚喜斌　章承林
责任校对：李小宝　刘雅娜	责任印制：任维东

唐山楠萍印务有限公司印刷

2025年8月第1版第1次印刷

145mm×210mm · 8.25印张 · 1插页 · 171千字

标准书号：ISBN 978-7-111-78587-3

定价：59.00元

电话服务	网络服务
客服电话：010-88361066	机　工　官　网：www.cmpbook.com
010-88379833	机　工　官　博：weibo.com/cmp1952
010-68326294	金　书　网：www.golden-book.com
封底无防伪标均为盗版	机工教育服务网：www.cmpedu.com

PREFACE 前言

我们这一生,究竟该怎么学习? 如果你是一个学生,可能刚经历过一个抓耳挠腮的晚上——教材看过了,也好像看懂了,可一做题就全卡壳。你甚至忍不住怀疑自己是不是"脑子不好使"。

如果你是个家长,也许刚刚和孩子又经历了一场"作业大战"。你说:"你不是学过了吗?"孩子委屈地说:"我真的学过了啊……"你不知道该生气,还是该心疼。

又或者你已经是个成年人了,工作多年,但每次想学点新技能、考个证,打开书就头疼,看视频学习三天,第五天就放弃了。

你有没有发现:我们的一生,其实都绕不开"学习"这件事,但我们可能从来没有被系统地教过"怎么学"。

我们总以为,学习就是"知道",就是"背下来",但我们却忘了最重要的一点——学会,不是把知识"收进来",而是能讲出去。

一个受益者写给学习者的"使用手册"。 我自己就是通过费曼学习法走出迷茫的人。我曾在考试中遭遇过"全忘了"的尴尬,也在备课时一次次因为"不懂怎么讲"被打回原点。但正是在反复"讲给别人听"的训练中，我慢慢发现了学习的本质：不是看了多少，而是你能讲清楚多少。因此，本书不是写给"学霸"的夸夸本，而是一本给所有"曾经卡住、正在努力"的普通人准备的"成长说明书"。

本书要介绍的"费曼学习法"，看起来简单，却是一种颠覆式的学习革命。在20世纪的物理学殿堂，有一个名字就像一颗跳脱规律运行的原子：理查德·费曼。他是诺贝尔奖得主，是量子电动力学的奠基者，是"挑战者号"事故调查的关键人物。但如果你只知道这些，还远远不够。真正让无数人着迷的，是费曼那个永远"不安分"的头脑。他可以一边做科研一边打鼓，也可以在黑板上推导公式时把你笑到肚子疼。更令人惊叹的是，他的学习方法——不是死记硬背、不是题海战术，而是一种让你真正理解、真正掌握知识的思维路径，这就是本书要讲的——费曼学习法。他曾说："如果你无法把它讲得简单明了，那就说明你还没有真正理解它。"本书正是基于他一生热爱的学习哲学，总结出的一套人人可学、人人适用的学习方法。

真正高效的学习，是和大脑做朋友。本书不仅仅告诉你"怎么用费曼学习法"，它更让你明白"为什么它有效"。笔者从神经科学出发，解读大脑中信息处理和记忆的路径；带你穿越短时记忆与长时记忆的神经回路，解释为什么"讲给别人听"会让知识在你脑中"生根发芽"。你会学到：

> 如何用"教给别人"的方式，让知识真正进入大脑；
> 为什么你以为"懂了"的地方，其实恰恰是你没弄明白的地方；

> 如何在整理和表达中，抓住每一个知识的核心"支点"；
> 如何用一张白纸，构建自己的"知识地图"；
> 如何用AI帮你整理、测验、反思知识点，让你成为真正的"主动学习者"。

这些内容贯穿在本书的每一章中，不是"理论"，而是你可以立刻上手的改变。

家长的终极任务：把"自学力"变成孩子的底气。本书，同样也特别适合中小学生的家长阅读。因为你将第一次从科学的视角看到，学习从来不只是背单词、刷题目那么简单，而是有一整套可被训练、可被激活的"内在机制"。你会学到：

> 如何帮孩子从"应付式学习"转为"主动内驱"；
> 如何在家中进行"讲出来"的小练习，轻松发现盲点；
> 如何陪伴而不是"代办"，真正提升孩子的理解力与思维力；
> 如何引导孩子把学习变成表达、输出与反思的过程。

你不是孩子的"家庭作业帮手"，而是他自学能力的第一任教练。而本书，就是你手中的"训练手册"。

在AI时代，做那个更有学习力的人。这是一个信息爆炸的时代，也是一个"会学的人脱颖而出"的时代。AI可以替我们搜索、整理、总结知识，但它无法替我们真正"理解"与"思考"。在这里，我将手把手教你如何让AI变成你的学习助教，这是未来教育的趋势，而你可以从本书中抢先掌握。

每一个孩子、每一个学生、每一位父母、每一位终身学习者，都值得拥有一把打开知识之门的钥匙。学习不再是漫无目的地记忆，而是有计划地"拆解、重组、表达"。教育不再只是填鸭式灌输，而是激发每个人内心的理解和表达欲望。这就是费曼学习法带给我们的意义：从被动到主动，从知道到表达，从模糊到掌握。

翻开它，开始你真正的主动学习旅程吧。

周艳芳
2025年4月

CONTENTS 目 录

前 言

第1章 费曼学习法是什么：从"知道"到"会用"

1.1 费曼是谁？科学家、老师，还是学习天才？ ... 002
1.1.1 科学天才：物理学界的"顽童" ... 002
1.1.2 教育家：永远"给自己找学生"的老师 ... 003
1.1.3 学习天才：具备有趣又高效的学习方法 ... 004

1.2 什么是费曼学习法 ... 005
1.2.1 费曼学习法的精髓：简单且有效 ... 006
1.2.2 "教是最好的学"：用"教别人"突破学习瓶颈，教自己走向深刻 ... 007

1.3 费曼学习法的优势 ... 008
1.3.1 别再死记硬背：学习从未如此轻松 ... 009
1.3.2 发现盲区：扫除知识的"黑洞" ... 010

第2章 费曼学习法的背后逻辑：大脑喜欢怎样学习？

2.1 让知识真正扎根：短时记忆和长时记忆 ... 012

2.2 复杂术语的陷阱：为什么我们常常学不会？ ... 015

2.3 大脑喜欢"讲故事"：为什么用自己的话解释更有效？ ... 017

2.4 学会如何学习：费曼学习法与"元认知" ... 019

第3章 掌握费曼四步学习法：大脑如何在学习中运行

3.1 第一步：理解概念 ... 024

3.1.1 什么是"真正的理解"：从概念到实际案例 ... 024

3.1.2 大脑如何处理信息：理解如何变成记忆 ... 026

3.2 第二步：简化重述 ... 029

3.2.1 用简单语言描述：把复杂变简单 ... 030

3.2.2 如何把复杂变简单？——让知识"听得懂、讲得出、记得住" ... 031

3.2.3 小试身手：说出你的理解 ... 034

3.3 第三步：尝试教授 ... 036

3.3.1 让别人明白是关键：如何判断自己真的学懂了 ... 036
3.3.2 案例分享：用费曼学习法帮朋友解决数学问题 ... 039

3.4 第四步：反思回顾 ... 041

3.4.1 记忆错误：大脑录错了节目 ... 042
3.4.2 理解偏差：概念停留在表面，没入脑更没入心 ... 042
3.4.3 知识孤岛：学了很多，却连不成地图 ... 042
3.4.4 教会自己：反思的最终目的 ... 044

第4章 打破学习心理魔咒：学会用费曼学习法应对常见误区

4.1 学习好有用吗？ ... 050

4.1.1 自信与质疑：正确看待自己的学习成果 ... 050
4.1.2 知识的价值：为什么"网上都有"依然需要学习 ... 054
4.1.3 学习的隐性收益：知识如何塑造你的思维与决策 ... 058

4.2 重塑学习信念：从内心转变到行动突破 ... 062

4.2.1 面对学习恐惧：用费曼学习法建立内心安全感 ... 065

4.2.2　知行合一：通过"教授"实现学习信念的内化　... 069

4.3　理性面对学习挑战：从停滞到精进　... 075

4.3.1　逃避式思维的陷阱：如何避免"假性学习"的困境　... 075

4.3.2　接受"不懂"的意义：把迷茫化为前进的起点　... 080

4.3.3　学习中的弹性成长：如何从失败中发现潜在的机会　... 083

第5章　高效学习的费曼技巧：学得快，记得牢

5.1　不再"低效努力"：把时间花在刀刃上　... 088

5.1.1　学习是脑力活，别只是"装样子"　... 089

5.1.2　如何跳出舒适区：从输入到输出　... 093

5.1.3　从输入到输出的路径：费曼学习法的实践　... 097

5.2　记忆的真相：如何用费曼学习法增强记忆力　... 100

5.2.1　理解与记忆：双管齐下才会促进高效记忆　... 100

5.2.2　从理解到记忆的具体策略　... 105

5.2.3　黄金记忆法、系统学习法和自我分享法的结合　... 112

第6章 情绪管理与专注力提升

6.1 学习情绪管理的"法宝" ... 120
- 6.1.1 学习如何"玩得起"：用游戏化心态减少压力 ... 120
- 6.1.2 找回专注力：费曼学习法帮你控制情绪 ... 125

6.2 专注力训练：沉浸式学习的诀窍 ... 130
- 6.2.1 费曼的专注力秘诀：如何创造"信息屏蔽场" ... 131
- 6.2.2 提升专注力的"四个好习惯" ... 134

第7章 有效听课与自学：在学校和家里使用费曼学习法

7.1 课堂中的费曼学习法 ... 144
- 7.1.1 笔记策略：记住关键问题 ... 144
- 7.1.2 高效互动：如何提问和回答以更好地理解 ... 148

7.2 课后复习：费曼学习法如何帮你巩固知识 ... 152
- 7.2.1 复习和错题本：不懂的知识就讲给自己听 ... 152
- 7.2.2 思维导图和简化笔记：构建你的知识网络 ... 156

第8章 读写基础：提升阅读和写作能力的费曼小技巧

8.1 阅读的好方法：有效理解是关键 ... 162

8.1.1 精读、速读、图解：费曼学习法的阅读技巧 ... 163

8.1.2 费曼学习法在阅读理解中的妙用 ... 172

8.2 让写作成为思维训练—— 费曼学习法如何帮你更清晰地表达 ... 177

8.2.1 将知识内化：让你的写作有料、有逻辑 ... 182

8.2.2 写作素材：素材积累 ≠ 机械存储 ... 193

第9章 考试攻略：用费曼学习法轻松应考

9.1 考前准备：高效的做题技巧 ... 200

9.1.1 指读法、反推法结合费曼学习法：让你省时高效 ... 200

9.1.2 计时练习：避免"题海战术"的浪费 ... 206

9.1.3 错题是你最好的老师：用费曼学习法把每一道错题变成得分点 ... 209

9.2 考场表现：费曼学习法帮你调整心态 ... 213

9.2.1 考前缓解紧张的实用技巧 ... 214

9.2.2 克服粗心，提升答题准确性 ... 217

第10章 数字时代的费曼学习法——如何用AI和科技工具辅助学习

10.1 数字时代如何改变学习?——
从"记忆驱动"到"智能辅助" ... 226

10.2 让AI成为你的费曼教练:如何利用
人工智能辅助讲解? ... 229

10.3 互动学习的新时代:如何用AI做自我
测试? ... 232

10.4 AI辅助记忆:如何用科技让知识真正
"刻在脑子里"? ... 235

10.5 数字化学习的陷阱与误区:如何避免
"伪学习"? ... 239

10.6 AI如何与费曼学习法完美结合? ... 244

第1章

费曼学习法是什么：
从"知道"到"会用"

听起来不可思议？但越是看似遥远的未来，越往往根植于某种简单的原理。在这场由AI引领的学习革命中，真正打通认知瓶颈的，仍然是一套早已存在的思维方法——只不过，它如今被赋予了全新的生命力。我们今天手中拥有的技术，正在让那位几十年前就提出"如果你无法把它讲得简单明了，那就说明你还没有真正理解它"的物理学家，再次成为学习领域最前沿的引路人。

是的，这一切，都要从理查德·费曼说起。他不仅是诺贝尔奖得主，更是无数学生心中最会讲课、最会"玩知识"的老师。接下来，让我们真正认识他——不仅是作为物理学家，更是作为一个思维的革命者，费曼是如何用一支粉笔、一个比喻，把晦涩的理论变成人人都能听懂的故事的。

1.1 费曼是谁？
科学家、老师，还是学习天才？

当我们提起"费曼"这个名字时，首先可能想到的是"物理天才""科学怪才"或"诺贝尔奖得主"等标签。然而，如果你仔细了解这个人，就会发现这些"标签"远远不足以概括他的一生。费曼不仅仅是个坐在实验室里思考宇宙奥秘的科学家，他更是个天生的"解说员"和"教育家"。无论是探索物理学难题，还是教导学生，他总能用一种简单有趣的方式让人茅塞顿开。那么，费曼究竟是个什么样的"存在"呢？让我们一起走进他的故事吧。

1.1.1 科学天才：物理学界的"顽童"

理查德·费曼（Richard Feynman）于1918年5月11日出生在纽约皇后区的法洛克威（Far Rockaway）。与著名物理学家爱德华·泰勒（Edward Teller）和阿尔伯特·爱因斯坦（Albert Einstein）一样，费曼小时候也是个"语言晚开者"，直到三岁生日时还没有说出一个字。费曼的成长深受父母的影响。他的父亲梅尔维尔（Melville）鼓励他提问，挑战传统观念，为他培养了独立思考的能力；而他的母亲露西尔（Lucille）赋予了他贯穿一生的幽默感。从小,费曼就展现出对修理收音机的热爱和非凡的工程才能。费曼的天赋早在大学期间便崭露头角。1942年,他被选中参与曼哈顿计划,即美国的原子弹研发项目,成为当时最年轻的科学家之一。早在1959年美国物理学会年会上,他就以《底部还有很大的空间》(*There's Plenty of Room at the Bottom*)的演讲预言了纳米技术的未来,这种超前的洞察力在今天看来无疑是跨时代的"远见卓识"。他不只是个解答难题的物理学家,更是个充满好奇心和创新精神的"学术探险家"。具体来说,费曼在量子电动力学(Quantum Electrodynamics, QED)领域的贡献获得了诺贝尔奖,这一成就不仅证明了他的科研能力,还展示了他对复杂问题的极简理解能力。他开发了一种被广泛采用的图示化方法,用于描述和理解支配亚原子粒子行为的数学表达式,这种方法后来被称为"费曼图"(Feynman Diagram)。在世时,费曼成为世界上最知名的科学家之一。费曼图之所以广为流传,正是因为它简化了原本非常抽象的概念,方便科学家快速理解。这种将复杂事物简化的天赋正是后来费曼学习法的核心之一。

1.1.2 教育家:永远"给自己找学生"的老师

费曼在学术上不仅严谨,还有一颗"教育家的心"。他被誉为"伟大的解释者"(The Great Explainer)。他以细致入微的讲解闻名,并将"让主题变得易于理解"视为一种道德责任。他的指导原则是:如果一个主题无法用新生课堂的语言来解释,那么它就还没有被完全理解。他对"教是最好的学"这个理念有着无比坚定的信念，甚至为此创立了一套著名的学习方法——费曼学习法。简单来说，费曼认为，只有当你能够用简单的语言解释某个概念时，才算是真正理解了它。于是，他开始在教导学生时践行这一理念，效果惊人。费曼曾在加州理工学院教授本科生物理课时，采用了一种独特的教学方法。他讲述电磁学原理时并不急于讲解数学公式，而是先用生活中的例子让学生"看见"电磁的存在。他甚至会说："闭上眼睛，想象你可以看到这些电场线围绕在物体周围。"当学生们睁开眼睛，他们并不只是理解了公式，更感受到了电磁的"形象"。这种把复杂内容简单化的教学方式，不仅让学生们受益匪浅，还为费曼在教育界赢得了广泛的赞誉。之后，费曼的课堂笔记被整理成《费曼物理学讲义》(*The Feynman Lectures on Physics*)，成为全球物理学入门者的书籍之一。根据相关的研究，费曼不仅关注学习者对物理概念的理解，还强调学习者的主动性。他相信，理解力与表达能力紧密相关，学习者一旦能用自己的语言"教会"别人，就是真正掌握了知识。

1.1.3 学习天才：具备有趣又高效的学习方法

费曼的学习方法独树一帜——简单来说，他更像是"以教为学"的实践者。费曼不喜欢死记硬背，而是注重理解和简化。他总说："如果你不能简单地解释清楚，说明你自己也没有真正搞懂。"这种方法让他在学习过程中，既学会了知识本身，又对知识获得了更深的理解。费曼在研究新领域时，会给自己设计一套"自学课程"。他会假装自己是这个领域的"教授"，一边自学，一边准备课程讲义，再给自己提出问题，以此检测自身是否真正理解了内容。这种方式极具"费曼风格"，既扎实又高效。他的学习原则其实很简单，就是把自己当成"老师"，这样才能真正理解和巩固知识。

1.2 什么是费曼学习法

费曼不仅影响了他的学生，还深刻影响了后来的教育学发展。基于费曼学习法的"以教为学"原则，许多现代教育理论逐渐强调学生在学习过程中的主动参与。这一原则不仅是一种学习策略，更是一种启发深远的教育哲学。这种方法的核心在于让学习者通过教授他人来强化自己对知识的理解，并以此改变了传统的教学观念。在教育学的发展中，这一理念已然成为许多创新教学法的基础。

人们常说，当你真正理解了一件事情时，你就能将它讲清楚。而费曼的方法正是将这一朴素的道理演绎到极致。当学生尝试教别人时，他们会发现哪些知识点还没有真正掌握，这种"暴露漏洞"的过程反而成为学习的最佳助推器。这种策略背后其实蕴含了认知科学的支持——当我们组织信息、表达观点、回应提问时，大脑会更深刻地加工知识，使之不仅停留在浅层记忆，还扎根于长时记忆中。更有意思的是，这种方法还激发了学习者与他人之间的互动。试想一个学生在课堂上讲解概念时，他不仅是在巩固自己的知识，还在接受来自同伴和老师的反馈。这种多维度的交流使学习变得更加生动，也帮助学生在"解释—反馈—修正"中不断迭代自己的认知。

费曼的影响不止于此。他的理念让我们开始重新审视学习的真正含义：学习不仅仅是吸收知识，更是理解、应用和再创造知识的过程。这一观点在许多现代教学法中得到了延续，比如翻转课堂（Flipped Classroom）和基于问题的学习（Problem-Based Learning，PBL）。在这些教学模式中，学生被鼓励主动承担更多的学习责任，课堂不再只是讲授知识的场所，还是学生探索和展示知识的平台。

可以说，费曼的方法提醒我们，学习是一场内心与世界的对话。当学习者能够站在讲台上，用自己的语言阐述问题时，他们不仅在学习，还在参与创造。这种深度参与的教育理念，不仅让教学更有趣，还让学习更有效。正如费曼自己所言："如果你无法把它讲得简单明了，那就说明你还没有真正理解它。"

1.2.1 费曼学习法的精髓：简单且有效

费曼学习法之所以广受欢迎，不仅在于它的有效，更在于它的简单。它没有复杂的工具要求，也不需要昂贵的资源，仅仅依靠一支笔、一张纸和一颗愿意思考的心，就能创造出令人惊叹的学习效果。其核心步骤清晰明了：理解概念、简化重述、尝试教授、反思回顾（见图1-1）。费曼学习法就像一面镜子，让我们直面自己的认知。这个方法从来不复杂化学习过程，而是用最直接的方式，把我们带入对知识的深刻理解中。

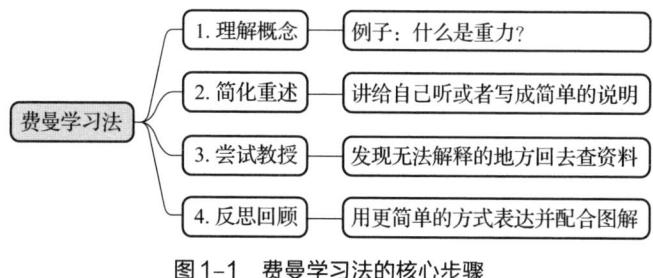

费曼学习法
├─ 1. 理解概念 ── 例子：什么是重力？
├─ 2. 简化重述 ── 讲给自己听或者写成简单的说明
├─ 3. 尝试教授 ── 发现无法解释的地方回去查资料
└─ 4. 反思回顾 ── 用更简单的方式表达并配合图解

图 1-1 费曼学习法的核心步骤

费曼本人对"简单"的执着贯穿了他的一生。在他的物理课上，他常用最直观的例子帮助学生理解复杂的概念。他曾说过："真正的智慧不在于把事情讲得深奥，而在于能让别人听懂。"这种对简单和清晰的追求，正是费曼学习法的精髓所在。

1.2.2 "教是最好的学"：用"教别人"突破学习瓶颈，教自己走向深刻

费曼学习法的奇妙之处，不仅在于通过教别人强化知识，还在于教会我们如何"教自己"。试想一个场景：深夜，你坐在书桌前，面对一本从未接触过的学科教材，没有同学可以请教，也没有老师可以答疑，但你可以选择把自己当成学生，同时也可以把自己当成老师。

这个过程很简单：拿出一张空白纸，把刚刚读到的知识写下来，假装面前坐着一位从零开始学习的听众——或许是你未来的"自己"。你用最通俗易懂的语言讲解内容，配上直观的例子，比如用煮一碗粥来比喻化学反应，或者用打篮球来说明动力学中的力与方向。如果有地方卡壳，那正是你重新翻书或

007

上网查阅的时刻。这种"教自己"的方法，巧妙地解决了自学中常见的难题。很多时候，我们读书时以为自己已经理解了，但合上书本却说不出来，一到实际应用却不知如何下手。而费曼学习法就像一场"脑内对话"，逼迫你用自己的方式消化知识。你不仅是吸收者，更是解释者和批判者。通过向他人解释，你会迫使自己厘清思路，找出那些模糊的概念，并不断完善自己的知识框架。这种"教别人"的过程，不仅仅是知识的输出，更是知识的重构。费曼认为，知识只有通过讲解和重述，才能真正成为我们头脑的一部分。如果你在向别人解释时感到卡壳，那很可能说明你对某些知识点的掌握还不够扎实。正是这种不留情面的"暴露"，帮助学习者发现问题并加以改进。更重要的是，教学的过程带来了心理上的突破。费曼学习法让学习者从"学生"转变为"老师"，这种角色的转变激发了其学习的主动性和责任感。它不仅帮助我们突破学习瓶颈，还让学习变得更有趣、更有动力。

1.3 费曼学习法的优势

费曼学习法到底有什么"魔力"？为什么越来越多的顶尖学者、知识博主甚至中小学教师都在推崇它？其实，费曼学习法并不是某种神秘的技巧，而是一种回归常识的思考方式——它不是教你"怎么记"，而是引导你"怎么理解"；不是将知识塞满脑袋，而是清空混乱知识后重新构建。正因如此，它成为当今这个信息过载时代的"学习救生艇"。在接下来的章节中，你将看到这套方法的独特优势，从打破死记硬背的枷锁，到识别知识盲点，再到真正掌握深度学习的关键路径。为此，我们要从一个最痛的地方讲起：为什么我们一直在学，却总感觉学不进？

1.3.1 别再死记硬背：学习从未如此轻松

让我们回到一个日常的场景：考试前，很多人熬夜死记硬背，希望把书上的知识硬塞进脑子里。背得越多，人们越觉得疲惫，越觉得知识像沙子一样从指缝中溜走。而费曼学习法提供了一种截然不同的方式，它告诉我们：记忆并不是重点，理解才是关键。想象一下，你正在准备一个主题演讲，而不是考试。你需要把要点解释清楚，而不是机械背诵。你用费曼学习法为自己设计一个结构：先抓住核心概念，再用自己的语言重述。比如，准备讲解"重力"的时候，你或许会对着镜子说"重力就像一只看不见的手，始终拉着我们不至于飘走"。这种解释，既简单又生动，更重要的是，它已经深深刻进了你的脑海。

费曼学习法还有一个附加的好处：它让学习变得有趣。当我们试图用比喻、故事或简单的语言解释复杂的概念时，这种创造的过程本身就是一种乐趣。学习从来不是苦差事，而是一场充满探索和发现的旅程。

1.3.2　发现盲区：扫除知识的"黑洞"

生活中我们常遇到这样的情境：你以为自己已经理解了一个知识点，但一旦被问到"为什么"时，立刻词穷，仿佛站在黑暗的隧道里找不到出口。费曼学习法就像一盏探照灯，它让你主动走进知识的"盲区"，把隐藏的黑洞一一照亮。

比如，你正在学习金融学中的"复利"概念。表面上，你觉得自己懂了公式，但当你试图向自己解释"为什么复利会比单利增长更快"时，突然卡住了。于是你开始重新审视公式，打算从中找到原因。你也许会用一个场景来理解：假设你每年把赚到的利息存回银行，而不是取出来，第二年的利息会比第一年更多，因为不仅本金在生息，利息也在生息。这样的"扫盲"过程可能有些挑战，但它带来的成就感无与伦比。每次发现一个盲区，你都具有了一个弥补漏洞的机会；每次填补一个知识黑洞，你都会离真正的掌握更进一步。费曼学习法的妙处就在于，它不让你假装知道，而是鼓励你面对未知，勇敢探索。这不仅是学习的过程，更是成长的旅程。

第 2 章

费曼学习法的背后逻辑：大脑喜欢怎样学习？

明明刚学过的知识，转头就忘得一干二净；上课听得懂，一做题就卡壳；看了无数遍的重点内容，依然模糊不清……为什么会这样？难道是我们不够聪明，还是学习方法出了问题？

费曼学习法之所以强大，不是因为它"神奇"，而是因为它深深契合了大脑的运行机制。学习的本质，是信息如何被大脑接收、理解、巩固、提取并应用的过程。如果我们不了解大脑是如何工作的，就容易陷入低效的学习模式，比如死记硬背、题海战术、机械重复等，最终浪费大量时间，却收效甚微。这一章将从认知科学、记忆机制、认知负荷理论和元认知等角度，拆解费曼学习法的背后逻辑，带你深入了解"大脑喜欢怎样学习"，以及如何用科学的方法让知识真正扎根，提升学习效果。

2.1 让知识真正扎根：
短时记忆和长时记忆

以下这些情境是不是似曾相识？

- 课堂上听得头头是道，一到考试脑子一片空白？
- 费劲记住的专业术语，过几天就像从未见过？
- 朋友让你解释一个概念，你明明懂，但就是说不清？

这可不只是你的问题，而是人类大脑的"默认设定"——我们的记忆系统并不可靠，它像一个既聪明又懒惰的"管理员"，时刻在筛选信息，决定哪些信息可以永久保存，哪些信息该被清理掉。想让知识真正扎根，我们得先搞清楚：大脑是如何处理信息的。

想象你的大脑是一座图书馆，而你学到的每个新知识点都是一本书。这本书能否被存入馆藏，能否在需要时轻松找到，取决于三大过程（见图2-1）：

1. 编码（Encoding）——信息是如何进入大脑的？
2. 巩固（Consolidation）——信息能待多久？
3. 提取（Retrieval）——需要时能不能找到？

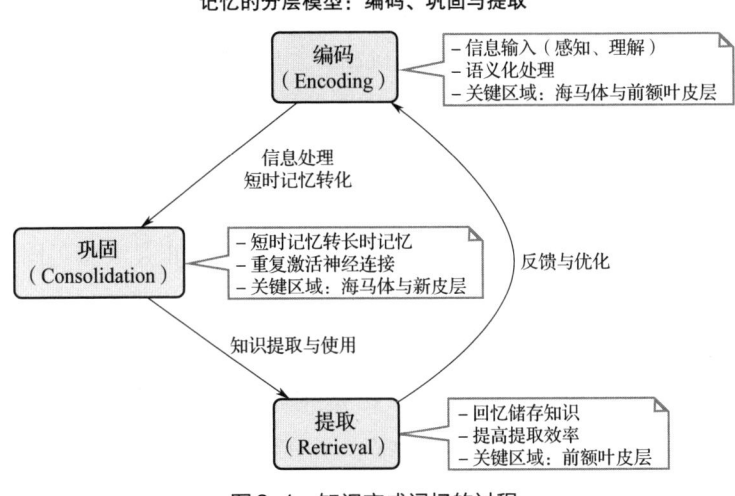

记忆的分层模型：编码、巩固与提取

```
         编码
        (Encoding)  — 信息输入（感知、理解）
                    — 语义化处理
                    — 关键区域：海马体与前额叶皮层

信息处理
短时记忆转化                          反馈与优化

  巩固       — 短时记忆转长时记忆
(Consolidation) — 重复激活神经连接
             — 关键区域：海马体与新皮层

知识提取与使用

  提取        — 回忆储存知识
(Retrieval)   — 提高提取效率
              — 关键区域：前额叶皮层
```

图2-1　知识变成记忆的过程

第一步：编码——决定一本书的去留。

当你学到一个新知识，大脑首先要决定它的"待遇"——是把它当成重要文件好好归档，还是随手塞进垃圾桶？如果你只是在课堂上"听懂了"，但没有主动思考或应用，对于这个知识点，你可能连书页都没翻开就遗忘了。相反，如果你主动讲解、思考、练习，你的大脑就会觉得：

> "哦，这个信息很重要，得存进长时记忆里！"

所以，不要只做被动的"听课机器"，而要像侦探一样，拆解知识、质疑概念、主动思考，这样才能让大脑认真对待新信息。

第二步：巩固——如何防止知识"过期作废"？

这要怪大脑的"断舍离"机制。短时记忆的容量极其有限，研究表明，它最多能同时处理4~7个信息块。如果你不采取措施，这些信息可能在几秒到几分钟内就消失得无影无踪。那么如何让那些"便笺"上的信息，变成正式存档的知识呢？费曼学习法的核心——"用自己的话讲给别人听"，正是大脑巩固知识的最佳方式。

这种方式就像给大脑建了一条"信息高速公路"——当你每次主动讲解、应用知识时，都是在巩固这条通路的结构，让知识在长时记忆中扎根得更深、调用得更快。

第三步：提取——学了但找不到，等于白学！

大脑的记忆库可不是自动检索的，想用某个知识点，你得有能力把它"翻出来"。

你可能会说："我明明学过，为什么想不起来？"这就像你把一本书放进图书馆，但没在系统里登记，等你想查找时，根本找不到它的位置。所以，提取练习是关键！费曼学习法这种"主动提取信息"的方式让大脑更快建立索引，而回顾和练习的过程能让大脑反复接触知识，加深印象。

2.2 复杂术语的陷阱：为什么我们常常学不会？

有时候，学习就像走进了一个错综复杂的迷宫。明明已经努力理解了概念，但一看到专业术语，还是一头雾水。甚至有时，光是读完一段文字，就已经感到脑子发胀、注意力涣散，最终不得不放弃。你有没有想过，这可能不是你的问题，而是大脑的"宽带"不够用？如果你在学习中频繁遇到类似困境，很可能是因为你掉进了认知负荷过载的陷阱。这意味着你一次性试图处理的信息超出了大脑的承载能力，导致学习效率急剧下降。

那么，为什么我们学不会复杂术语？让我们一起来了解一下什么是认知负荷理论。认知负荷理论（Cognitive Load Theory）由澳大利亚的认知心理学家约翰·斯威勒（John Sweller）提出，它的核心观点强调的是学习的效果取决于大脑需要处理的信息量和它的承载信息能力之间的平衡。如果负荷太大，学习效果就会打折扣。认知负荷可分为三种不同的类型（见图2-2），第一种是内在负荷（Intrinsic Load），即知识本身的复杂性，不同的知识点，其复杂程度天差地别。例如，背50个英文单词和理解"相对论"，显然是两种不同程度的挑战。如果一个概念本身逻辑复杂，学习它就需要更长的时间、更高的专注力。第二种是外在负荷（Extraneous Load），它是一种无关信息的干扰，有时候我们不是被知识难倒，而是被信息的呈现方式逼退了。想象一下，你在学习一篇论文：

> - 术语密集，没有任何解释，越看越懵；
> - 句子复杂，结构混乱，读完一整段还是抓不到重点；
> - 关键概念被埋在冗长的文字里，让人找不到学习的方向。

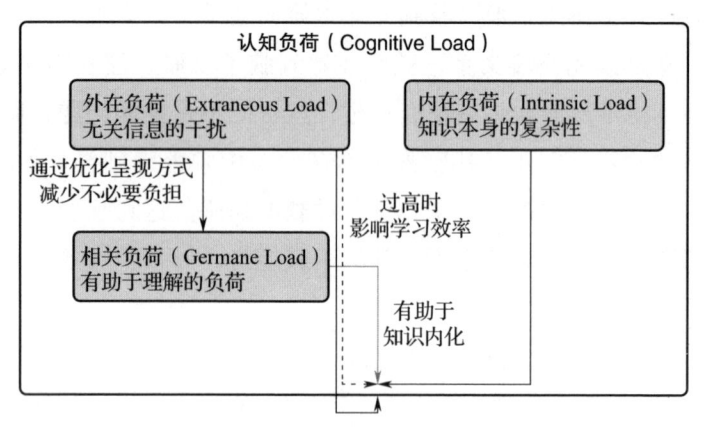

图2-2 认知负荷的三种类型

这些并不是知识本身的问题，而是信息的组织方式导致了认知负荷过载，大脑被迫花费额外的精力去筛选有用信息，最终学习效率大幅下降。第三种是相关负荷（Germane Load），这是一种真正有助于理解的负荷。并不是所有的负荷都是坏事，一些合理的认知负荷反而能帮助你更好地理解知识。当你主动思考、归纳总结、进行深度学习时，大脑会花费额外的精力去整合信息，而这正是让知识内化的重要过程。

2.3 大脑喜欢"讲故事"：为什么用自己的话解释更有效？

在认知心理学的世界里，有一个特别有趣的发现：我们的脑子，并不是一个擅长记住"干货"的机器，它其实更像一个爱听故事的"孩子"。

回想一下你小时候，老师讲到牛顿发现万有引力，配上一颗苹果砸到头的趣事，这个画面是不是就牢牢印在你脑海里了？反过来，如果老师只是告诉你"万有引力是一种自然现象"，你可能到第二天都记不住。这不是偶然，而是因为我们的记忆系统天生偏爱有情节、有逻辑、有画面感的"故事"。心理学家罗杰·沙克（Roger Schank）就提出了"故事式记忆"（Story-Based Memory）的概念。他发现，人类的记忆机制并不擅长处理零碎、孤立的信息，而更擅长捕捉和储存有结构、能引发情感和画面感的故事。为什么故事这么强大？其实故事本质上就是一连串的因果链条——先发生了什么，接着又发生了什么，最后才有了结果。这种"为什么"驱动的结构，恰好契合了大脑的理解方式。我们的大脑喜欢推理，不喜欢背诵。单独的定义和概念就像散落一地的积木，很难拼出完整的图像；而故事则像是搭好的一座桥，帮助我们跨越理解的鸿沟。众所周知，故事几乎总是带着情绪色彩出现的——无论它是惊讶、好奇，还是感动、愤怒。一旦情绪被调动，记忆的闸门就会打开。心理学研究已经反复证明：情绪越强烈，记忆越牢固。你可能不记得高中数学公式，但一定记得某次考试失误后那种懊恼的心情；你可能忘了大学课堂上老师讲了什么，但忘不了老师讲到某个生动案例时你眼前一亮的瞬间。还有一个更隐秘但同样重要的机制是画面感。抽象的知识点一旦被嵌入一个具象的场景，我们的大脑就能自动生成一段"脑内电影"。就像你学习DNA复制时，把它想象成拉链的开合，比起一长串分子术语，那个图像是不是更容易浮现在脑海？美国心理学家艾伦·佩维奥（Allan Paivio）的"双编码理论"（Dual-Coding Theory）就证明了这一点：当语言和图像共同参与时，记忆效果会更持久、更牢固。这也引出了另一个被反复验证的学习策略：情境学习（Situated Learning）。学者布朗（Brown）和杜根（Duguid）认为，我们学得最好的，不是那些"抽象的空中楼阁"的概念，而是那些嵌在真实语境中的知识。为什么医学院的学生一旦进入临床实习，进步飞快？因为他们终于开始在"故事"中学知识，而不是在"定义"中死记硬背。最妙的是，当你不是听别人的故事，而是自己讲故事时，学习效果将再上一个台阶。这种现象被称为"生成效应"（Generation Effect）：你亲自讲解过的知识，比听别人讲的更容易记住。这正是费曼学习法的精髓所在——不是重复书本，而是用自己的语言解释概念、讲解思路、组织知识。你甚至可以给知识点编个小故事、举个生活化的例子，或者模拟你在教一个十岁的孩子。当你能讲得清楚、讲得有趣、讲出逻辑来，你才真正掌握了这些知识。

所以，如果你还在为"记不住"知识而苦恼，试试讲个故事吧，把抽象的概念变成一个人物、一段经历、一场冒险，把枯燥的术语转化成一段对话或一个比喻。你会发现，知识不再是冰冷的词条，而是你脑海里鲜活的一幕幕场景。而你的大脑，也会像一个忠实的观众，把这些"故事"牢牢记在心里。

2.4 学会如何学习：费曼学习法与"元认知"

元认知，简单来说，就是"对自己思维的思考"，或者更通俗地讲，就是"意识到自己是否真的学会了"。这个概念由美国发展心理学家约翰·H.弗拉维尔（John H. Flavell）在20世纪70年代提出。他发现，学习不仅仅是记住知识，更重要的是监控和调整自己的学习过程。聪明人往往更擅长利用元认知，因为他们懂得不断反思、评估、调整自己的学习策略。这一类人不会因为自己"听懂了"就自信满满，而是会主动测试自己，看看能否在没有参考资料的情况下完整地讲解知识点。他们在学习时，不仅仅关注"学了什么"，更会思考"我为什么学这个""我是否真的理解"甚至"如果别人问我这个知识点，我该怎么解释"。研究表明，拥有较高元认知能力的人在学习过程中会不断进行自我检测，确保知识的理解是稳固的，而不是短暂的"假性掌握"。

那么你可能会问："我如何培养自己的元认知能力呢？"答

案就是——费曼学习法。

让学习变得"看得见"。 传统学习往往是被动的,我们看书、听课,感觉"学到了",但实际上很多知识只是停留在表层记忆,而非真正内化。当你试着给一个小学生讲解什么是"谱系"而不能使用任何复杂的术语时,你突然发现你根本无法用简单的语言讲清楚。**费曼学习法的核心,就是把隐性的学习过程显性化。** 当你试图用自己的话去解释某个知识点时,你的**理解漏洞**就会暴露出来,这就是**元认知觉察**的过程,它帮助你发现自己是否真正掌握了知识,而不是"感觉自己会了"。

让思维从"输入"转向"输出"。 大多数人的学习方式是"输入型"——听课、阅读、做笔记,但这并不代表真正掌握了知识。费曼学习法要求你转向"输出型"学习,即通过讲解、复述、写作等方式主动调动大脑加工信息。当你用自己的话解释时,你其实是在对大脑发出信号:"这个知识很重要,需要深度处理!"研究发现,主动输出知识,比单纯输入知识更能促进记忆的巩固。费曼学习法的核心,就是让学习变成一个"主动生成"的过程:

- 你不只是读,而是试着"讲"给自己听;
- 你不只是做笔记,而是自己总结核心要点;
- 你不只是看答案,而是自己尝试推导、重现整个思考过程。

当你用自己的话去讲解一个概念时,大脑会识别出这个信息的重要性,并进行更深层次的处理——就像是在对自己说:"这东西很重要,得刻在脑子里!"这个过程,不仅让记忆更加牢固，还能让你意识到自己哪里理解得不透彻。从"被动接受"到"主动生成"，是元认知学习的关键转变。

形成"自我反馈循环"，聪明人都这样学。真正高效的学习者，都会不断优化自己的学习方式，而不是被动地接受知识。费曼学习法的一个关键步骤，就是"反思回顾"，它帮你建立一个强大的自我反馈系统，让你能够持续改进自己的学习方法。

学习，不是一个单向输入的过程，而是一个不断调整、优化、检验的循环过程。高效学习者的秘诀，就是在"听懂"之后，始终愿意去"讲出来"，直到自己真的能够把知识解释得清清楚楚。所以，下一次当你觉得"这东西我会了"，别急着庆祝，先问问自己，如果让你用最简单的语言去讲解这个知识点，你能讲得明白吗？

● 小试牛刀 ●

你是否真正掌握了一门知识

- 每次学习完一个知识点，尝试给自己出几道测试题，看看你是否真的能独立解答。
- 写一段有关某个知识点的简短解释（比如用一条朋友圈的字数限制来解释这个概念），如果写不出来，说明你可能没有真正掌握。
- 假装自己是一名老师，试着教别人，如果对方听不懂，那可能是你的表达不够清晰，而不是知识掌握得不够扎实。

第3章

掌握费曼四步学习法：
大脑如何在学习中运行

学习从来不是一蹴而就的过程，它更像是在迷宫中找到出口：你需要探索、碰壁、调整方向。费曼四步学习法不仅为学习者提供了一张路径图，还揭示了大脑如何将知识"吃透"。在这一章，让我们来看看费曼四步学习法的每一步内容，了解大脑如何从"懵懂无知"到"举一反三"，如何把零散的信息转化为牢固的认知网络。

3.1 第一步：理解概念

学习的起点，往往不是"记住了什么"，而是"真正明白了什么"。而在费曼学习法中，这个起点尤为重要。很多人误以为理解就是听懂了、点了点头，但真正的理解远比"听懂"要深，它意味着你可以用自己的语言解释它，可以举例说明它，甚至可以用它解决一个全新的问题。

"理解"并非凭空发生，它依赖于我们大脑对信息的筛选、连接与再组织。费曼认为，如果你用一句简单的话都无法解释这个概念，那你可能根本没懂。这正是费曼学习法的第一步，也是整个方法的核心基石。接下来，笔者将从"理解"本身出发，看看它到底意味着什么，以及我们如何从一个晦涩的定义，走向一个清晰可用的思维工具。

3.1.1 什么是"真正的理解"：从概念到实际案例

理解，就像爬山，你站在山脚看不到全貌，但一旦登顶，风景尽收眼底。很多人以为看懂了本书的文字，就是理解了，可实际上，真正的理解是能将知识与实际生活相连接，甚至回答"这个知识能解决什么问题？"。

还记得我第一次给学前教育专业的学生讲解"多元智能理

论"时,大家都在点头。于是我提了一个问题:"假如一个孩子语言能力弱,但空间能力强,你会怎么设计教学活动?"这时,原本热闹的课堂瞬间安静,学生们纷纷低头翻书。那一刻我意识到,学生并没有真正的"理解"。知识的内化并不是机械记忆,而是能够灵活地运用,在情境中解决实际问题。

理解的本质是内化知识。心理学研究表明,大脑喜欢将新知识挂在旧知识的"钩子"上。所以,当你遇到一个难懂的概念,不妨试试联想。比如,当我学习量子力学时,把粒子行为想象成雨滴在玻璃窗上滑动的轨迹——看似随机,却遵循着一定的物理规律。这个类比立刻让我茅塞顿开。从此,我深信一个原则:我们学习越抽象的知识,越需要找到其在生活中的映射。

为了让书前的你更清晰地掌握理解的过程,我设计了一条路径(见图3-1),它将"初识概念"转化为"实践应用",帮助你从被动学习迈向主动创造。

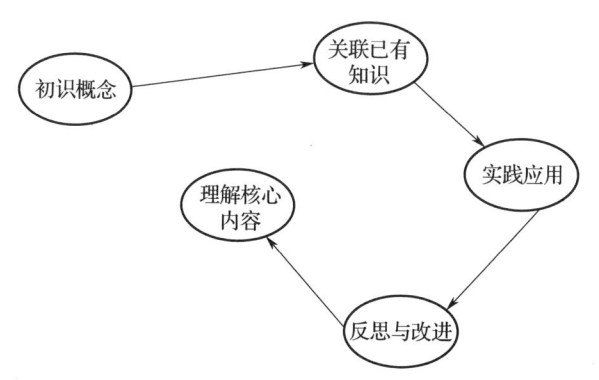

图3-1 从初识概念到理解核心内容的路径

在这条路径中我们可以看到，我们从阅读、听讲或观察中获取初始信息。这是基础，但并不是理解的开始。接着当你尝试用自己的语言理解核心内容的时候，理解才真正开始发生，这一环节直击核心。例如，量子纠缠可以简化为"两个粒子无论相隔多远，像心灵感应一样同步变化"。接下来将新知识与已有知识联系起来，形成记忆网络，然后将知识带入真实情境，通过案例练习或解决问题来巩固学习。最后在复盘过程中反思与改进，并进一步调整理解。

3.1.2　大脑如何处理信息：理解如何变成记忆

你是否曾好奇，为什么有些知识能牢牢扎根于脑海，而另一些知识却像沙滩上被浪花滚过的脚印，转瞬即逝？大脑处理信息的过程就像一座精密的工厂，从感官输入到记忆存储，每个环节都环环相扣。而在这场复杂的"记忆旅程"中，海马体无疑扮演了核心角色——它是短时记忆和长时记忆的桥梁，是知识从模糊到清晰的关键所在（见图3-2）。想象一下，你走进一座图书馆，但都还没开始看。大脑通过视觉、听觉等感官"扫描"外部世界。这是信息输入的起点，比如眼睛看到文字，耳朵听到讲解，或者手指触摸一个粗糙的表面。这些感官将信息快速传递给大脑，形成所谓的"初始印象"。初始印象有点像相机捕捉的照片，虽然细节丰富，但未经筛选，容易被遗忘。初始印象的处理，就像把快照从相机导入到计算机。如果你不整理照片，不标注，不分类，过了几天，它们可能就被成堆的新文件淹没，再也找不到了。大脑同样需要一套清晰的流程

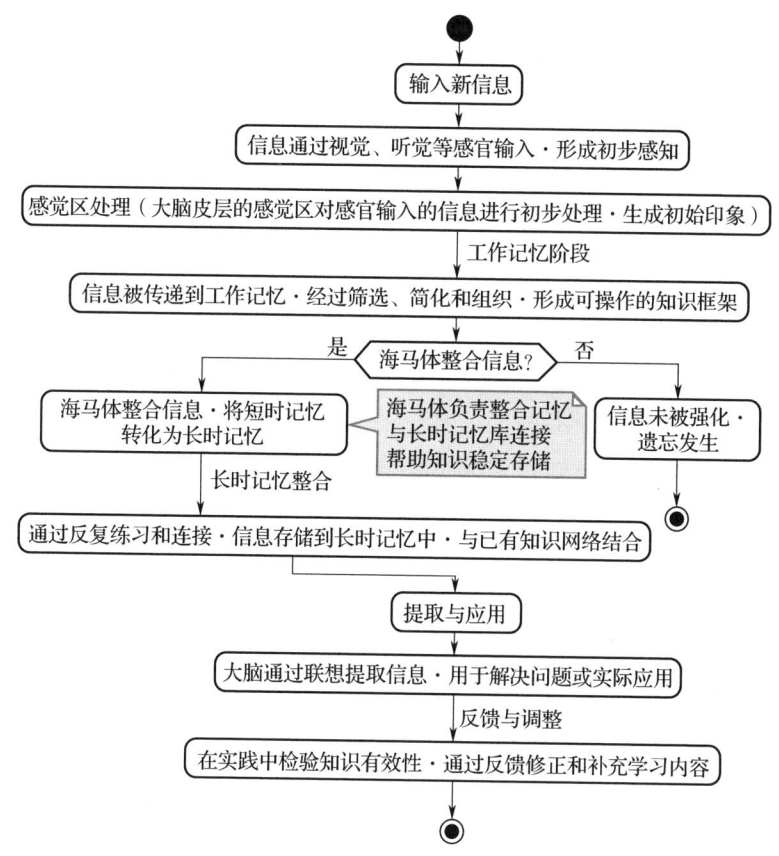

第 3 章 掌握费曼四步学习法：大脑如何在学习中运行

```
输入新信息
  ↓
信息通过视觉、听觉等感官输入，形成初步感知
  ↓
感觉区处理（大脑皮层的感觉区对感官输入的信息进行初步处理，生成初始印象）
  ↓ 工作记忆阶段
信息被传递到工作记忆，经过筛选、简化和组织，形成可操作的知识框架
  ↓
海马体整合信息？
  ├─是→ 海马体整合信息，将短时记忆转化为长时记忆
  │      （海马体负责整合记忆与长时记忆库连接，帮助知识稳定存储）
  │      ↓ 长时记忆整合
  │     通过反复练习和连接，信息存储到长时记忆中，与已有知识网络结合
  │      ↓ 提取与应用
  │     大脑通过联想提取信息，用于解决问题或实际应用
  │      ↓ 反馈与调整
  │     在实践中检验知识有效性，通过反馈修正和补充学习内容
  └─否→ 信息未被强化，遗忘发生
```

图3-2 理解如何变成记忆的过程图

来筛选和整理信息。

记得我上学的时候，我的老师经常在课堂上给我们搞"突然袭击"。他满怀热情地说了一大段话，或者解释了某个理论，然后突然转身问我们："谁能重复刚才我说的内容？"全班一片沉默。显然，大多数学生的"初始印象"已经溜走了。这是因为大脑在处理信息时会进行优先级排序——那些没有立即

被标记为"重要"的信息,很快会被遗忘。这种现象也解释了为什么上课时走神几秒,如果你只是机械地看、听或记笔记,后续听到的内容会变得支离破碎,最终它们可能会很快被遗忘。要让初始印象变得长久,就必须经过海马体的筛选和加工。海马体是学习和记忆的"指挥官",是大脑的"仓库管理员",负责决定哪些信息值得进入"长时记忆"。当你理解某个新知识时,海马体会将这条新知识与旧知识关联,这个过程需要两个关键要素:关联和重复。海马体并不喜欢孤立的数据片段,它更偏好那些能"挂"在已有知识框架上的信息。例如,如果你已经知道"多元智能理论"有八个领域,突然有人告诉你又增加了一个"存在智能",你会迅速将它挂在之前的"八大智能"概念上,从而记住这一变化。当我学习英语单词时,"Serendipity"(机缘巧合)总是让我头疼,直到有一次,我听朋友说:"想象你走在大街上,捡到了一张彩票,并且中奖了——这就是Serendipity!"从此,每次看到这个单词,我的大脑都会浮现出中奖的场景,记忆因此变得鲜活起来。你可以把大脑想象成一个衣柜。新知识是一件新衣服,只有找到合适的挂钩才能挂进去。没有挂钩,它只能堆在地上,很快被遗忘。如果说关联是挂钩,重复就是反复打磨挂钩的过程。没有重复的强化,挂钩可能会松动,甚至脱落。这也解释了为什么复习、实践对学习至关重要。大脑的奇妙之处在于,它更喜欢重复使用的信息。当信息从初始印象走到理解阶段,并不意味着学习已经完成。只有将理解应用于实际情境,信息才能被大脑进一步巩固为长时记忆。一个孩子学会说"苹果",并不是因为他听了妈妈说了几遍这个单词,而是他多次用"苹果"指向水果,妈妈多次回应"对，这是苹果"。这种反复的实践让他的理解得以加深，记忆得以强化。

试试向朋友解释一个你刚刚学到的新概念。如果对方完全听懂了，这说明你的大脑已经完成了从理解到记忆的转化。如果对方满脸困惑，你的理解可能还不够深入。这也是费曼学习法的核心思想：真正的理解必须经得起讲解的考验。理解和记忆并不是单向的过程，而是相辅相成的循环系统。通过关联和重复，初始印象成为深刻理解；通过实践和讲述，理解又反过来巩固记忆。这一过程不仅可以让知识更长久地存储在大脑中，还让我们学会将理论应用于生活，真正实现"学以致用"。

3.2 第二步：简化重述

理解，是点亮一盏灯；而简化重述，则是把这盏灯递给别人。如果说第一步"理解概念"是点燃了大脑里的火花，那么第二步"简化重述"，就是学会如何用这束光照亮他人，也照亮自己盲区的过程。你会惊讶地发现，许多"以为理解"的内容，一旦试图用自己的话解释，就立刻暴露出漏洞百出的思路。这正是费曼学习法的神奇之处：它不是让你装懂，而是逼你"真懂"。真正的高手，从来不是炫耀自己的高深知识，而是能把高深知识讲得让孩子也能听得懂。接下来，让我们看看如何用自己的语言，把"看似高深"的知识，转化为"清晰简单"的表达；如何从"重复原话"走向"真正掌握"。

3.2.1 用简单语言描述：把复杂变简单

费曼学习法的核心信念是：如果你无法把它讲得简单明了，那就说明你还没有真正理解它。把复杂变简单，不是忽略内容，而是抓住本质。这种能力不仅是学习的"放大镜"，还是知识转化的"催化剂"。

假如你正试图向一个五岁的孩子解释什么是"黑洞"。你说："黑洞是一个具有强大引力的天体，甚至连光都无法逃脱。"小朋友歪着头看着你，一脸迷茫。于是你换个说法："黑洞就像一个超级吸尘器，什么东西靠近它都会被吸进去，连光都逃不掉！"这时，小朋友点点头，似懂非懂地问："那会把我们也吸进去吗？"虽然解释得还不够完善，但你已经成功迈出了一步——把复杂的天体物理现象转化成了易懂的类比。

费曼学习法的魅力就在这里。如果你不能用简单的语言解释一个复杂的概念，那说明你对它的理解还不够透彻。简单化并不是偷工减料，而是去伪存真，剥离那些繁杂的术语，直击核心，让知识真正"活"起来。

为什么简单化很重要？有一个广为流传的故事。20世纪，物理学家恩里科·费米向学生提问："假如你掉进一个无底洞，会发生什么？"学生们纷纷抛出复杂的方程和理论，费米却回答："你会一直掉，直到某种外力让你停下。"这不仅是物理的智慧，更是思维的艺术——在浩瀚的知识海洋中寻找最简单的答案。

这种能力不仅限于科学家。回想我们日常生活的经验：当你用通俗易懂的方式告诉父母如何使用智能手机时，其实是将复杂的技术操作转化为"按这里，看那个"的直观操作。又如当你向朋友解释一部烧脑电影的剧情时，简化情节、提炼核心冲突，会让他们迅速理解电影的重点情节。

3.2.2 如何把复杂变简单？——让知识"听得懂、讲得出、记得住"

在学习的世界里，有两种人：一种人，面对复杂的概念，堆砌术语，仿佛是知识的守门人；另一种人，则能用最简单的语言，让任何人都能理解知识。前者听起来高深莫测，但后者却是真正的高手。费曼学习法的精髓正是逼迫我们从"看似懂了"到"讲得清楚"，真正消化知识，而其中最关键的一步，就是如何将复杂变简单。

找到关键点，让知识"抓得住"。很多人学数学时常常被各种公式搞得晕头转向，比如二次函数，看着满屏的 $y=ax^2+bx+c$（$a \neq 0$）就觉得头大。但如果换个角度，我们可以先问自己："二次函数到底是什么？"说到底，它就是一个U形曲线，描述的是某个事物的变化趋势。我们掌握了这个核心，后面的推导才会更顺畅。

知识的本质往往比我们想象得简单，问题是，我们常常被"枝叶"困住，而忘了"树干"在哪。最聪明的学习方法，就是先抓住核心，再逐步填补细节。

用类比和比喻，把抽象变得可感知。科学家理查德·道金斯（Richard Dawkins）曾用"盲眼钟表匠"来解释进化论，乔布斯喜欢把技术类比成"魔法"，连爱因斯坦都曾用"电梯里的落球"来讲相对论。因为他们知道，好的比喻能让复杂的概念变得易于感知、理解。我的老师曾经这样给我们解释"概率分布"——想象你往桌子上撒芝麻粒，撒得越均匀，说明每个地方的概率都差不多；如果大部分芝麻都集中在一个点上，那就表示某个结果的概率更高。这个比喻一出，我们立刻恍然大悟：原来概率分布就是这样！学生时代的经历使我深刻地认识到，用一种契合学生的认知去调动他们的理解，才能真正开启他们认识新世界的大门。现在我也成了一名普通的人民教师，肩负着教书育人的使命。有一次，我让学前教育专业的学生试着向家长解释"游戏化学习"。刚开始，他们用了一堆专业术语："游戏化学习是一种通过游戏机制促进知识传递的教学策略……"说得一本正经，但听起来就像论文摘要。我提醒他们："如果家长听不懂，你们的解释就是失败的。"于是，我们换了个方式表述："游戏化学习，就是把知识藏进游戏规则里，让孩子在玩中学，学得更快乐，也更有效。"这个表述一出，大家都笑了，教室里响起一片"原来还可以这样说"的话语。类比和比喻的魅力就在于此：它把抽象的概念变成了我们熟悉的事物，让知识变得生动，易于理解，也更容易记住。

不断追问："然后呢？"很多人学到某个概念，觉得自己懂了，但如果你问他们："能不能再讲得简单一点？"他们往往会卡住。这时，你需要一个简单但极具"杀伤力"的问题："然后呢？"比如，在讨论"教育公平"时，学生常常会拿出一堆政策、数据、学术定义，但听的人越听越迷糊。我就问："如果你要向一个完全不懂教育的人解释,你会怎么说?"他们想了想,最后有人说:"教育公平就像跑步比赛的起跑线,大家都站在同样的位置起跑,这才公平。"这句话就解释得更直观、更能引起共鸣。真正的理解,不是停留在"知道"的层面,而是能够用最简洁的语言,让别人也能听懂。每当你觉得自己掌握了某个知识点,不妨问自己:"如果一个完全没学过这个知识的人听不懂,我还能怎么说?"这个过程,会逼迫你把复杂的概念不断拆解、优化,直到它真正变得简单。

"删掉多余部分"——让理解更加纯粹。雕塑大师米开朗基罗曾说:"每一块石头中都有一座雕像,我所做的,只是去掉多余的部分。"这句话,同样适用于学习。很多人以为,学得复杂就是学得好,知道的术语越多,理解就越深。但事实恰恰相反,最深入的理解往往来自最简单的表达。你是否真正掌握了一门知识,不取决于你记住了多少术语,而是看你能否把它讲得简单明了。

所以,下次学习一个新概念时,别急着记住所有的细节,先问自己几个问题:

> 它的核心是什么?
> 我能用一个简单的比喻来解释吗?
> 如果别人听不懂,我还能说得更简单吗?

当你能用最简单的语言讲清楚一个复杂概念时,你才算真正掌握了它。简单,不是肤浅,而是理解的巅峰。

3.2.3 小试身手：说出你的理解

前面我们谈过如何用最简单的语言讲清楚最复杂的概念。你已经学会了"削去知识的边角料"，只留下知识的核心内容。现在，是时候从"会说"到"敢说"，从"看明白"到"讲出来"了。

纸上得来终觉浅，绝知此事要"出口"。让我们迈出关键的一步：实践。是的，真正的学习并不发生在你记笔记、看书或默默点头的那一刻，而是在你试图把一个知识点讲清楚、写明白、说给别人的时候。你会发现，那些你以为掌握的内容，在开口或动笔的一瞬间，突然支离破碎。这正是费曼学习法的魅力所在：让你的知识从大脑角落"被拽出来"，晒晒太阳，看看它们是真实牢固的结构，还是一碰就塌的空中楼阁。

想象一下，如果你要向一个小学五年级的孩子解释"光合作用"，不许用"叶绿素""二氧化碳固定"这些词，那你要怎么说？也许你可以这样开口："植物就像小太阳能工厂，它们用阳光来制造能让自己长高的能量，还顺带呼出我们人类需要的氧气。"有没有那么一刻，你也会被自己这样的表达感动？那是因为你不是在"照搬知识"，而是在"再造知识"。而当那个孩子听懂了、笑了，甚至能复述给别人听，你才真正体会到：原来，把知识讲清楚，也是一种创造。

学习就像是一次"社交冒险"。你可以走出书房、跳进朋友圈，发一条"迷你科普"："为什么晚上不能一直盯着手机？因为你的大脑以为还在白天，就不让你睡觉。"限字数、限术语、限时间的挑战，会逼你用最日常的语言，说最有用的话。

你不仅是在输出内容，更是在训练表达与思维的协调力。

再试试家庭微课堂。假设你爸爸问你："飞机那么重，怎么不掉下来？"你说："这是靠升力、气流、伯努利原理……"他一脸懵。换个说法："飞机翅膀经过特别设计，飞起来的时候空气就像在'托它'，就像你把手伸出窗外感受到的风一样。"他点头了，这说明：你成功了。对方的表情和提问，是你的知识是否"入世"的试金石。

你还可以化身"解说达人"，在日常聊天中顺手解释个小知识。朋友聊起宇宙，你来一句："其实黑洞就像超强吸尘器，但吸的是光和时间。"又酷又有料，一句话带你出圈。而如果你想挑战高级版，不妨给自己讲一个复杂概念，用简洁的话语+生活比喻+一点幽默，像编故事那样讲出来。比如，用童话讲光合作用：从前有一棵树，每天吃太阳、喝雨水，还会呼出一种神奇的气体，叫"氧气"，是人类最需要的魔法……讲着讲着，你会发现，知识不再是死板的定义，而是活泼的生命。

当然，万事预则立。你可以挑选一个自己熟悉又略有挑战性的主题，像"睡眠的科学"或"AI是怎么学习的"。给这个知识做一个"关键词云"——比如"AI"：数据、模型、学习、判断。再试着对着镜子讲，或用语音录下来。你会听见你语气里的迟疑或话语的卡壳，这正是你该修正的地方。

最重要的是找到一个听众——不管是朋友、同事，还是AI。听众不是为了"欣赏"你，而是为了帮你暴露"漏洞"。因为学习不是要变得完美，而是要敢于暴露不完美，从而不断优化。

最后的挑战，是一张"任务卡"——选一个你感兴趣却不太熟悉的主题，比如"量子纠缠"或者"为什么你看不到WiFi信号"，然后在3~5分钟内向某人讲清楚。听听他们的问题、困惑、反应，那些都是你的"学习镜子"，也是让你成长最快的土壤。

别忘了，学习，不是学进去，而是讲出来。知识从你口中流出的那一刻，它才真正属于你。

3.3 第三步：尝试教授

把知识讲出来，不是学习的"附加项"，而是一次真正的"质变"。在前两个步骤中，你已经理解了概念，也试着用自己的语言进行简化，但这一切还只是"在自己脑海里的练习"。真正的检验在于：你能否把它清楚地讲给别人听。当你开始教别人时，才会惊觉自己的知识漏洞，也才会第一次真正"面对自己的理解力"。

费曼学习法的精髓正是在于"教是最好的学"。它鼓励你把每一次讲解当成一次思维的测试。当你面对"听不懂"的眼神时，你就会本能地去调整语言、结构和逻辑，这不仅提升了你的表达力，更锻造了深度思维力。接下来，让我们一起来具体拆解：怎样判断你是真的懂了，而不是只会复述，又是如何把教学变成一种反哺自学的最佳方式的。

3.3.1 让别人明白是关键：如何判断自己真的学懂了

想象这样一个情景：一个朋友突然问你，"电流的本质到底是什么?"你的大脑立刻像翻倒的书架,纷纷扬扬地落下"导体""电子流动""欧姆定律"这些你曾熟悉的词汇。然而,当你张口试图解释时,却发现这些词汇像拼图碎片一样散落一地,怎么都拼不成一幅清晰的图画。你一边解释一边犹豫,词不达意,对方皱着眉头,你心里也越来越没底,这不正是许多知识在我们脑中"存在但未成形"的典型状态吗?这时候,费曼学习法的第三步——尝试教授,就像是一道光,照亮你的认知盲区。你会惊讶地发现,教别人并不只是展示你学了多少,更是你真正理解了多少的"终极测试"。

某位心理学家曾经设计过一个实验,把学生分为两组学习同一门课程。一组是"自己看、自己记",另一组则要把学到的内容讲给别人听。结果显示,后一组不仅记得更牢,还理解得更深。这是为什么?因为讲给别人听,不再是被动接受知识,而是一场主动"输出"的挑战。你必须思考听众会卡在哪里、自己是否逻辑通顺、每一个说出口的句子能否被听懂……整个大脑像被点燃一样,进入高速运转的状态。哈佛大学的研究也印证了这一点——在"教学状态"下,我们大脑的活跃度远高于"听讲状态"。这时候,你不是知识的接收器,而是一个解释者、构建者,甚至是创作者。你需要把复杂的知识"翻译"成别人能听懂的语言,这种翻译的过程,才是真正的理解过程。就像费曼所说:"如果你无法把它讲得简单明了,那就说明你还没有真正理解它。"这句话背后,其实藏着一个更深的逻辑:**真正掌握知识,不在于你会说术语,而在于你能不能换句话说**。就像哲学家维特根斯坦说过的,"你能用多少种方式解释一个概念,往往就代表你对它理解的深度。"而在你尝试讲解的过程中，那些原本你以为懂了的地方，突然会变得模糊；那些看似牢固的理解，突然像沙堡一样塌下来。这种"崩塌"并不是失败，而是你重建理解的起点。我们常常以为自己掌握了知识，只是因为我们记住了定义、背过了公式。但只有在试图讲清楚时，我们才会意识到，真正的理解是一种"连接能力"——你能否把一个概念与其他知识点建立起清晰的关系网？能否把抽象的原理还原为生活中的图像与类比？举个例子。如果你不知道怎么解释"电流"，不妨换一个思路，把它比作水流：电压是水的压力，电阻是管道的粗细，电流就是水的流速。这个比喻能立刻唤起一个直观的图景——类比的力量。牛顿用苹果落地解释万有引力，达尔文用树状图讲进化，爱因斯坦把时间比作伸缩的橡皮尺……人类对未知的理解，往往就是从这些简单的类比开始的。如果你发现自己讲不清楚某个概念，不妨试试"问题分解法"。把复杂的问题拆成几个小问题。比如你想讲清楚"物质为什么会膨胀"，不妨先问自己："膨胀是形状的改变还是体积的变化？它和温度有什么关系？背后的微观机制是什么？"这样一点点剥开问题的外壳，你会发现原本模糊的核心，其实就藏在你能一步步靠近的小问题里。

"教授"别人不意味着你要"知识权威"，恰恰相反，你可以很坦然地说："这个我也在学，要不我们一起看看？"在教的过程中暴露自己的不足是成长最快的方式。学习不是一场完美的演出，而是一场诚实的对话。你还可以把"教授"变成一种生活方式。在家里解释"为什么飞机不会掉下来？"，在电梯里解释"为什么天冷手机容易关机？"，甚至在与朋友聊天时，试着把一个知识点讲得幽默又有趣。理解的深度，往往藏在你能否"用别人的语言"来讲你自己的知识。对方是个篮球迷？那就说："动能就像你运球冲刺时的爆发力。"对方是个厨艺达人？那就说："热传导就像炒菜，锅热了，菜也就熟了。"理解是从共情开始的。每一次"教"，都是一次小小的"试飞"。你不知道会不会失败，但你一定会更清楚自己的飞行高度。对方的眼神、问题、点头、沉默，都是你知识图谱的"地图反馈"。你需要不断微调、修正、再试，才能真正体会"理解"这个词的全部含义。所以，当你再一次面对"电流的本质"这种问题时，不要怕讲不清楚。就当它是一次挑战：让你把散落的拼图一块块找齐，重新拼出那幅清晰、完整、属于你的理解之图。

学习的终点，不是背下来，而是讲出来。

3.3.2 案例分享：用费曼学习法帮朋友解决数学问题

曾有这样一个场景：朋友坐在我身边，满脸困惑地看着她的数学课本，"导数到底是什么啊？听起来就让人头大。"她不是懒惰，也不是不聪明，只是数学对她来说，总像是一场语言不通的对话。而我，恰好也正在学习这部分内容，于是灵机一动，决定用费曼学习法来帮助她，也顺便检验一下自己到底有没有真正"吃透"这个概念。

第一步：了解对方的认知水平。我们从一场轻松的聊天开始。我没有拿出公式和课本，而是问她："你觉得导数是用来干什么的？"她皱着眉头想了想，说："大概是……跟变化有关系？但怎么用就不知道了。"这时候我心里明白了，她的理解还停留在一种模糊的直觉上，就像是知道"爱"是一种感觉，却说不出它到底意味着什么。

第二步：用生活化语言解释。我换了个角度，把抽象的导数带进她熟悉的生活世界。"想象你骑自行车，"我说，"速度表显示你这一瞬间是每小时10千米。这个瞬时速度，其实就是导数要告诉你的东西——某个时刻，变化得有多快。"看到她露出一丝若有所思的表情，我继续拿出纸笔，画了一条曲线，"你看，导数其实就是这条曲线在某一点的斜率，它不告诉你你走了多远，而是告诉你现在的'速度感'。"这时候，她开始点头，眼中闪烁着"我好像懂了"的光亮。

第三步：让对方参与推导。趁热打铁，我没有继续讲，而是请她试着算一算，推导出函数$f(x)=x^2$在$x=2$处的导数。我没有急着纠正她的错误，而是陪她一步步走，像是在一起拆解一道谜题。每一次她走错路，我就像一个温柔的探路人，带她回到原点，重新出发。她的思维渐渐变得清晰，而我也在她的问题中看到了自己的盲点。

第四步：从反馈中深化理解。等她成功算出答案后，我问："你觉得最难的是哪一步？"她想了想说："其实是斜率和变化率那个地方搞不懂，但你说的有关速度的比喻特别有用。"这句话一下提醒了我，原来我们在讲解知识时，太容易陷入专业术语的"陷阱"，却忘了，用生活中的语言去构建桥梁，才是理解的真正入口。那天晚上，我们不仅一起揭开了导数的神秘面纱，更在一次"教学实验"中，体会到了什么是思维的触发与回馈。我感受到，真正的掌握不是我能解题，而是我讲的内容别人也能听懂。而她也不再害怕数学，甚至兴奋地说："原来数学也能这样讲，那我应该还能学下去。"

费曼学习法的魔力就在于这种"教学式反思"。它迫使我们不断重组知识结构，把抽象变具体，把"知道"变"会说"，再变成"能教"。哪怕你自己还处在探索阶段，也可以大胆地去"教"。因为这个过程中，你会发现很多从未注意的细节，很多以为自己懂了却解释不清的地方。而正是这些缝隙，藏着通向真正理解的钥匙。这不仅是一堂数学课，更像是一场双向奔赴的认知之旅。在教授别人的过程中，我们也在重塑自我，在表达中反刍，在解释中成长。或许这就是学习最美好的样子吧——不是孤军奋战的苦读，而是彼此启发、彼此点亮的共同进步。

3.4 第四步：反思回顾

　　学习有时像是一场精致的手工活，就像织毛衣，每一针一线都藏着对知识的理解与记忆，但如果其中某一个针脚松散，整件毛衣可能就会出现破洞——看似完成，实则漏洞百出。费曼学习法的第四步"反思回顾"，正是那把用来找出破洞并耐心修补的钩针。它让我们停下脚步，用第三只眼重新审视学过的内容，把那些模糊、卡住、误解的地方一一厘清。为什么我们会"卡壳"？费曼学习法通过不断"教授"别人来揭示这一点。正是在讲述中，问题才浮出水面。透过一次又一次"说不清楚"的瞬间，我们终于窥见了理解的真相。这些"卡壳"大致可以分为三个层次：记忆错误、理解偏差、知识孤岛。

3.4.1　记忆错误：大脑录错了节目

我们以为自己记住了，但那可能是"伪记忆"。记忆并非如同硬盘那样精准存储，而是一个充满变数的神经活动。一个小小的听觉误差、一个不完全的复述，就可能让记忆偏离了轨道。比如，一位学生在学习皮亚杰的认知发展理论时，把"具体运算阶段"记成了"抽象运算阶段"，结果在分析幼儿的行为时频频出错。这不是知识本身难，而是记忆错误。补救方法呢？"温故知新"绝不是鸡汤，而是科学！通过复查笔记、听录音或使用间隔重复（Spaced Repetition）法，能有效地修正这些偏差，并强化记忆的准确性。

3.4.2　理解偏差：概念停留在表面，没入脑更没入心

"我明白了！"真的是明白了吗？其实很多时候，我们只是机械地记住了定义，却没能建构起完整的知识模型。理解是一种加工，需要你真正"嚼烂"知识，并能"翻译"为自己的语言。比如，有学生误以为"正强化"就是"奖励"，于是把表扬孩子当作正强化，无论场合、个体、动机，通通"一视同仁"地表扬，结果却适得其反。这正是浅层理解的"陷阱"。而费曼学习法的魅力就在于它让你通过"讲给别人听"的过程暴露出逻辑漏洞，并迫使你反复拆解、重构，直到知识变成你自己的。

3.4.3　知识孤岛：学了很多，却连不成地图

学习的本质，是"连点成线"，再"织线成网"。很多人

学得多,却用不出,是因为无法将知识点进行关联——就像你知道很多拼图碎片,却永远拼不出图案。以物理基本原理为例,仅靠死记硬背"牛顿三大定律"的定义,是远远不够的(见图3-3)。你需要把它们"翻译"成生活化语言(比如"物体喜欢偷懒"代表牛顿第一定律),并通过实际问题(如"为什么在太空中踢球,球会一直飞?")来连接、运用、串联,你才能真正掌握它们的内在逻辑。

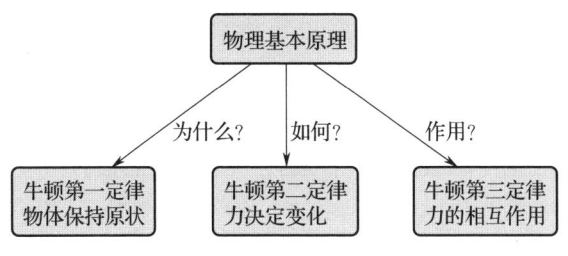

图3-3 知识网络的构建路径

构建知识网络,才能让知识"活"起来——这也是费曼学习法的精髓所在。假设你正在学习物理学的"牛顿三大定律"。如果只背定义,你很可能停留在孤立的记忆中,难以掌握实质内容。但通过费曼学习法,你可以将这三条定律串联起来,融入一个知识网络中。以下是具体的操作步骤:

用自己的语言表述(知识点本地化):

1. **牛顿第一定律**:物体如果不受力,就会保持静止或匀速直线运动——"物体喜欢偷懒"。
2. **牛顿第二定律**:物体的加速度与施加的力成正比,跟它的质量成反比——"力大砖飞得快,但砖太重飞

> 不动"。
>
> 3. 牛顿第三定律：每个作用力都有一个大小相等、方向相反的反作用力——"拳头打墙，墙也在打拳头"。

构建联系（从点到线），用问题串联知识点：

> 1. 牛顿第一定律解释了"为什么物体会保持原状"。
> 2. 牛顿第二定律说明"如何改变物体的状态"。
> 3. 牛顿第三定律回答"物体之间相互作用时会发生什么"。

尝试应用（从线到网），制作一个问题图谱：

> 1. 如果在太空中踢球，球为什么会一直飞？（牛顿第一定律）
> 2. 为什么跑车比卡车加速更快？（牛顿第二定律）
> 3. 为什么游泳时推动水，水会把你推回来？（牛顿第三定律）

通过这些步骤，牛顿三大定律就从"孤立的公式"变成了一个环环相扣的网络，帮助你更好地理解和记忆。

3.4.4 教会自己：反思的最终目的

有时候，学习就像一面镜子，照出的是我们对知识真正的掌握程度。而这面镜子，正给予了我们反思。教育家和心理学家约翰·杜威（John Dewey）曾说："我们并非因经验而学习，而是因对经验的反思而成长。"他的这句名言后来成了深度学习理论（Deep Learning Theory）的精神源泉。在这个快节奏、信息泛滥的时代，我们或许更需要停下来，问自己一句："我真的学会了吗？"

反思，不是机械地回忆知识点，也不是简单地检查错题本，而是一次次审视、重组、连接与应用的过程。它像是一位沉默而具有智慧的导师，引导我们穿越层层迷雾，走向理解本质的彼岸。反思的力量，就藏在这些悄无声息的瞬间。想象一下，一个学生在准备英语考试。他每天认真背单词，反复默写，却总在写作中卡壳。问题出在哪里？也许他记住了单词的"形"，却未曾触碰单词的"神"。反思的第一步，是识别这些"伪掌握"的陷阱。但反思不能仅停留在"我会不会"，而需要我们问自己："我理解了吗？我能用得好吗？"这就像费曼学习法中所强调的：如果你无法把它讲得简单明了，那就说明你还没有真正理解它。当你试着用自己的语言讲述知识点，当你用它去解决一道题、解释一个现象，知识才开始"活"了起来。反思是有层次的，就像一场从地表到地心的探索。

浅层反思，是"我记得住什么"。当你每天复盘自己背了哪些单词，却发现考试中总用不出来，这说明你还停留在"记忆的假象"里。

深层反思，是"我理解了什么"。你开始尝试用自己的话讲单词，比如解释"Break"的不同用法，这让你逐渐走进了语言的核心。

超越反思，是"我能用得多好"。你不再满足于记住和理解，而是将单词用于写作、表达、对话中，在应用中打磨对语言的敏感度。这个阶段，知识已不再是死板的考试工具，而是成为你表达思想、构建认知的工具。

那么，费曼学习法是如何帮助我们教会自己的？它的核心就是将"反思"具体化、行动化（见图3-4）。首先，你需要**审视与确认**：你真正理解了吗？拿勾股定理来说，你是否只是记

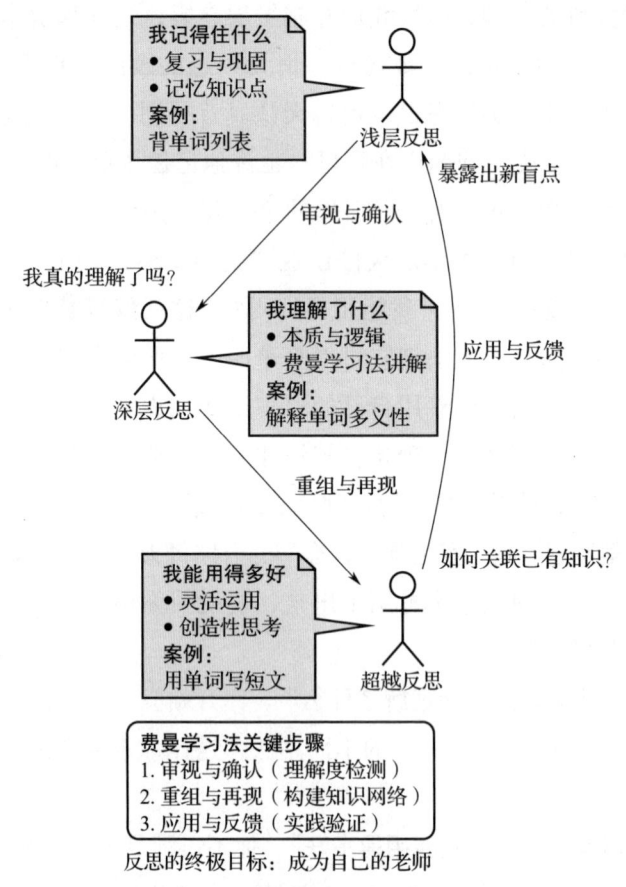

图3-4 反思的层次：费曼学习法的闭环

住了公式 $a^2+b^2=c^2$，还是能解释它的来龙去脉？你能不能在一张纸上把它讲清楚，讲到自己都觉得清楚为止？其次，是**重组与再现**。学到的新知识，不能孤零零地悬在空中，你必须关联到你已有的知识网络里。比如，把勾股定理与几何、物理、建筑结构联系起来，就像在脑中编织一张网，这张网越密，你理解得就越牢固。最后，是真正的检验时刻——**应用与反馈**。你能否在真实情境中使用这些知识？能否举一反三？这就像把知识从书本带到生活，把"死知识"变成"活工具"。反思的终点，其实是一个起点。它不是为了记住知识，而是为了成为一个可以"教会自己"的人。当你真正掌握了反思的力量，你会发现，学习不再只是"学到哪里算哪里"，而是一种主动出击的姿态，一种自我进化的旅程。正如费曼所说："学习的本质，就是一次又一次地把自己教会。"

反思，不是学习的附属品，它是点燃理解的火种。学会反思，你将不再被动接受知识，而会主动重塑它；你不再只是知识的容器，而是知识的主人。

那一刻，你不再只是学生，你成了自己的老师。

第4章

打破学习心理魔咒：学会用费曼学习法应对常见误区

前三章，我们学会了如何"学"，用理解概念、简化重述、尝试教授和反思回顾四步法武装自己的大脑，在认知上实现飞跃。但真正的挑战，往往不是出现在课堂和书本上，而是藏在我们的内心深处。我们常常会问："我真的学得好吗？""学这些有用吗？"甚至"别人学得比我快，我是不是不适合？"这些问题撼动着我们的信念，让再好的方法也无法发挥作用。

学习，不只是技巧的堆砌，更是一次心理上的旅程。这一章，我们将一起面对那些隐藏在学习背后的"心理魔咒"——质疑、焦虑、自我怀疑和动力缺失，并用费曼学习法带你走出这些误区。当你能从内心真正相信"学习值得"，并能用行动把信念化为力量，学习才会从负担变为自我成就的源泉。

4.1 学习好有用吗?

我们生活在一个前所未有的时代——只需轻点屏幕,人工智能就能替你解答难题,搜索引擎瞬间呈现海量知识。于是,越来越多的人开始困惑:当答案唾手可得,我们为什么还要学习? 知识的积累是否已经过时?记忆和思考是否终将被算法取代?这些问题并非杞人忧天,而是每一个现代人必须直面的挑战。因为真正的学习,从来不只是为了填满大脑,而是为了点燃思维。它不是为了应付考试,而是为了培养一种深度理解世界的能力。正如费曼学习法所揭示的:学习的终极目标,是让知识融入你的思考方式,而非仅仅停留在你的笔记里。

但问题仍未结束——如果网络能提供一切答案,学习的过程究竟还能带给我们什么?为什么那些最成功的人,依然在坚持深度学习? 在接下来的章节中,我们将揭开一个颠覆认知的真相:搜索能给你答案,但学习能给你智慧。

4.1.1 自信与质疑:正确看待自己的学习成果

在通往知识与成长的道路上,自信与质疑如影随形,仿佛天平上的两端,在晃动之间,决定了我们的脚步是坚定还是踟蹰。有时,我们因一次成功而志得意满,眼中再无高山;有时，又因一次失败而自我否定，仿佛前方尽是迷雾与泥潭。这种心理起伏不是软弱，而是学习者最真实的内心写照。但我们如何在这微妙的张力中行稳致远？如何既不盲目自信，又不困于怀疑自身？美国心理学家马丁·塞利格曼（Martin Seligman）为我们点亮了一盏灯。他提出的"习得性乐观"（Learned Optimism）理论，最初源于一项关于动物行为的实验，却最终成为许多学习者心灵的避风港。在经典的实验中，塞利格曼发现，当狗在不断尝试后始终无法摆脱电击，它们便学会了放弃，即使后来有了逃脱的机会，它们也不再尝试。这种"习得性无助"的状态，也同样存在于人类的学习经历中——一次考试的失败、一道难题的挫败，往往足以让我们在潜意识中宣告放弃："我不是这块料""我果然学不会"。然而，正是这种悲观的解释方式，才是让我们止步不前的真正障碍。塞利格曼并没有止步于揭示无助感的可怕，而是提出了积极的对策——习得性乐观。他告诉我们：我们可以通过**改变自己解释失败的方式**，重新点燃内心的希望与主动性。

失败并不可怕，关键在于我们如何解读它。其实，每个人都能学会用更智慧的眼光看待挫折。

这只是暂时的。谁没有失手的时候？一次考试失利，不代表你永远与成功无缘。试着换个想法：最近事情太多，没能好好准备，下次调整节奏就好。看，问题是不是变得简单多了？

不全是你的错。别急着把责任都揽到自己身上。有时候，环境因素才是关键。比如遇到偏题时，与其自责"我怎么这么笨"，不如客观分析"这次考题确实比较偏，正好是我的知识盲区"。

局部不等于全部。一道题不会做，怎么就变成"整个学科都学不好"了？具体问题要具体看待："这个冷门知识点我没掌握"比全盘否定自己明智得多。记住，某个环节出问题，不代表整个系统都崩溃。

　　这种解释风格的转变，不是掩耳盗铃，而是给自己留出成长的空间。就像《道德经》所说："知人者智，自知者明；胜人者有力，自胜者强。"真正强大的人，不是从不质疑，而是在质疑中找到温柔坚定的声音，对自己说："你可以的。"从脑科学的角度来看，这种乐观的思维方式也不仅仅是心理暗示。它真实地改变着我们的神经机制——当我们遭遇失败，**杏仁核**这个情绪中心便开始发出"警报"，让我们感受到焦虑、羞耻，甚至习得性无助。如果我们持续以负面方式解释失败，杏仁核就会不断强化这些情绪，形成对学习的条件反射般的抗拒。而此时，**前额叶皮层**便像一位理性的中枢调解员，它试图安抚情绪、进行逻辑判断。当我们尝试用更积极、更理性的方式解读失败时，它会介入调控，从"我不行"转向"我可以改进"。这是自我认知的"清醒剂"。更神奇的是，积极的解释方式还会激活大脑中的**伏隔核**，这是多巴胺的源头，是我们感受到"我做到了"的地方。当我们开始用新的视角看待挑战，哪怕只是小小的进步，也能释放出微量的成就感，而这种成就感，会反过来推动我们再次努力。久而久之，形成了一个令人愉悦的"努力—进步—动力增强"的正向循环（见图4-1）。

　　因此，学习的真正难点，从来不只是知识本身，而是我们如何看待自己、解释失败。我们要学会的不仅是"如何做对"，更是"做错后，如何看待"。这便是塞利格曼理论的深意所

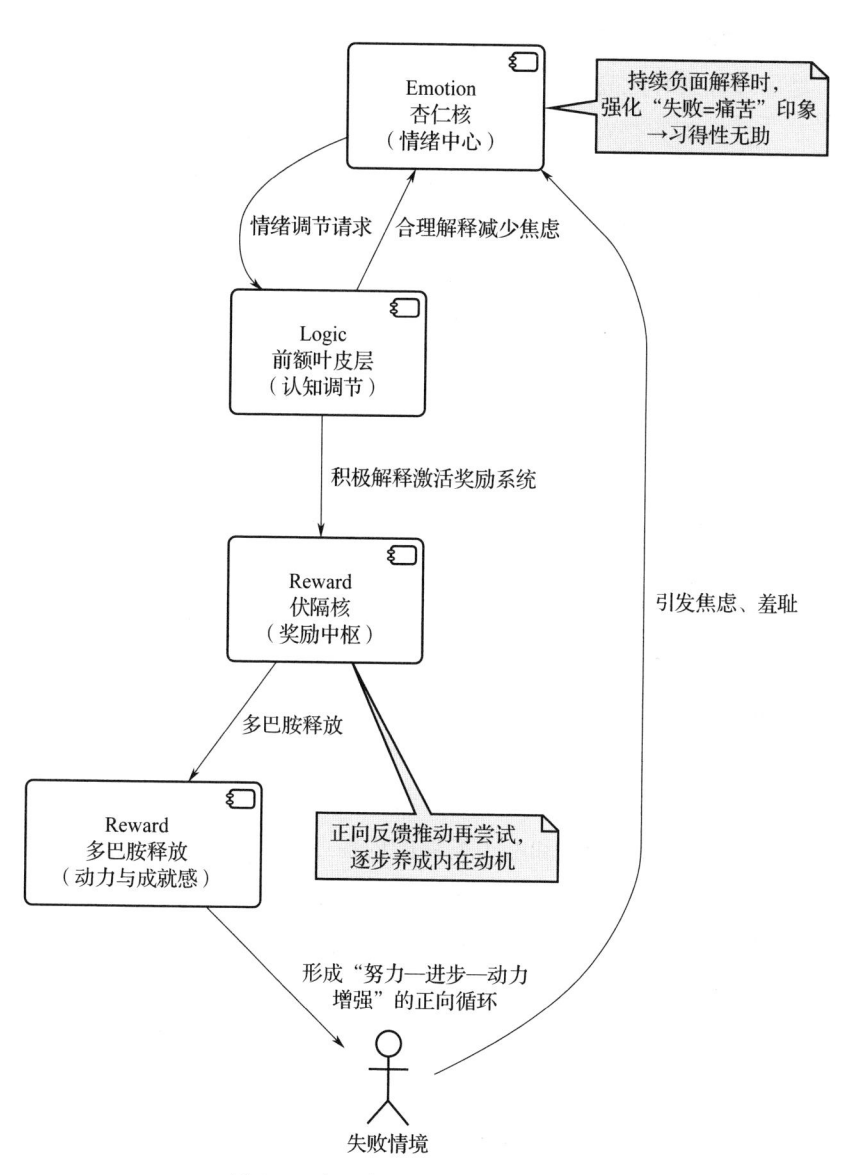

第 4 章 打破学习心理魔咒：学会用费曼学习法应对常见误区

图4-1 学习中的积极解释与大脑机制

在——你可以练习成为一个乐观的自己，不是一味盲目鼓励，而是用理性解释点亮心中的希望。

自信不该是对失败的漠视，也不该是无视问题的虚张声势；它更像是一种从质疑中打磨出的光，一种"虽千万人吾往矣"的笃定。而质疑，也不该是自我否定的深渊，它可以是理性的审视，是冷静的自省，是推动我们不断超越的助力。当你在题海中挣扎，在瓶颈处停滞，不妨学会转身，看看自己的内心世界是否还停留在"习得性无助"的角落，或者是否已经开始学会以乐观的解释，拥抱每一次失败，尊重每一次微小的进步。那一刻，你不再只是一个学习者，而是一个有自我调节能力的学习者——一个真正可以教会自己、带着希望前行的人。

4.1.2 知识的价值：为什么"网上都有"依然需要学习

当今数字化时代，海量信息触手可及，让学习的意义似乎变得模糊。一些人可能会问："既然网上随时可以搜索到需要的知识，我们为什么还要费力学习？"这一问题看似合理，却忽视了学习的深层价值和能力发展的内在逻辑。

信息≠知识≠智慧：为什么知道答案不等于真正学会？哈佛大学心理学家霍华德·加德纳在《多元智能理论》中讲过一个深刻的观点：知识的价值不在于你记住了多少，而在于你能否灵活运用它。这就像给你一堆砖块（信息），并不代表你就能盖出一栋房子（知识），更不意味着你能设计出优美的建筑（智慧）。今天，互联网让我们能轻松搜索到海量信息，但问题恰恰在于——我们是否真的在"学习"，还是仅仅在"收集"？比如，遇到一道数学难题，上网搜索答案可能只需要5秒，但真正的价值不在于答案本身，而在于：

> 你是如何一步步推导出结果的？
> 背后的逻辑你能否迁移到其他问题上？
> 下次遇到类似的挑战，你能否举一反三？

斯坦福大学的一项研究发现，高效的学习者不是"信息的搬运工"，而是"知识的建筑师"——他们不会满足于死记硬背，而是不断将新信息与自己已有的认知网络连接起来，形成更深层次的理解。所以，真正的学习不是"复制粘贴"，而是把零散的信息点编织成属于自己的知识地图。否则，我们可能只是知道很多，却未必真正懂得。

为什么大脑需要记忆，而不仅仅是搜索？ 我们生活在一个信息触手可及的时代——任何问题，似乎都能在几秒内通过搜索引擎找到答案。但依赖外部存储，正在悄悄削弱我们最宝贵的认知能力：深度记忆与创造性思维。纽约大学神经科学家约瑟夫·勒杜（Joseph LeDoux）曾做过一项引人深思的研究：长时记忆不仅仅是"存储信息"，它实际上在重塑我们的大脑运作方式。当知识被牢固编码进长时记忆，大脑会形成一种高效的"思维捷径"——遇到复杂问题时，能自动调动关联概念，快速组合出创新解决方案。这种能力是碎片化搜索永远无法替代的。比如依赖搜索的人遇到数学难题时会立刻查公式，但下次遇到变式题目，依然会束手无策；而依靠记忆与理解的人则能迅速识别问题模式，因为相关解题策略已内化为"思维工具"。记忆的本质是大脑在"雕刻"自己。神经可塑性（Neuroplasticity）

研究告诉我们：每次深度学习和重复应用，都会像园丁修剪树枝一样，优化大脑的神经连接。那些被频繁使用的知识路径会变得更粗壮、更灵敏，而闲置的回路则会逐渐退化。

真正的认知优势，不在于"知道从哪里找答案"，而在于"答案早已成为你思考的一部分"。这或许正是爱因斯坦那句玩笑的深意："我从不记可以在书上查到的东西"，因为最伟大的头脑，都把精力留给了比记忆更重要的东西：把知识转化为直觉。

费曼学习法的价值，让知识"内化"成工具。 在这个刷短视频都嫌长的时代，我们总以为"百度一下"就是学会了，直到要跟别人解释时才发现自己根本说不清楚。这就是为什么费曼学习法这么管用——它逼着我们把那些似懂非懂的知识真正"嚼碎了咽下去"。就像妈妈总说"吃进去的要消化"，学习也是一样的道理。

想想我们身边那些真正厉害的人，他们有个共同特点：能把复杂的事情说得特别简单。我上大学时有个物理系的学长，他总喜欢在食堂边吃饭边给我们讲量子力学，用筷子比画电子轨道，拿饭粒演示粒子碰撞。后来我才知道，这就是费曼学习法的精髓——如果你无法把它讲得简单明了，那就说明你还没有真正理解它。现在很多公司招人时都会让应聘者现场讲解专业问题，就是因为知道"能说清楚"比"听说过"重要得多。我有个在阿里巴巴做程序员的朋友说，阿里巴巴的程序员每周都要轮流按组讲解技术方案，谁要是支支吾吾说不明白，就得回去重学。这种压力反而让团队成长得特别快，因为没人敢满足于"大概知道"。所以当你下次学新东西时，别急着收集一堆资料,试试这个办法:假装要给你奶奶或者小区门卫大爷讲解。当你不得不扔掉那些专业术语,用买菜做饭的例子来比喻时,神奇的事情就发生了——那些模模糊糊的概念突然变得清清楚楚,就像擦掉了眼镜上的雾气一样。这才是真正的学会。

心理陷阱:过度依赖外部资源的风险。过度依赖外部资源还会让我们陷入一种"知识错觉"(Illusion of Knowledge)的心理陷阱。心理学家丹尼尔·卡尼曼(Daniel Kahneman)在其研究中揭示,人们往往高估自己对知识的掌握程度,因为在线搜索的便利性降低了深入学习的动力。这种错觉可能导致决策失误,甚至阻碍个人成长。假设你是一位高中生,在准备辩论赛时只依赖于搜索到的结论,而忽略了背后复杂的论证过程,一旦面对对手的质疑或新的问题情境,你可能会发现自己毫无应对之策。这正是知识内化和深度学习的重要性所在。

新的学习价值观:培养独立思考和批判能力。我们总说"授人以鱼不如授人以渔",但现实是很多人连"渔网"都懒得织,光想着直接上网买现成的鱼。德国教育学家洪堡两百年前就说过,真正的学习是要让人学会自己思考,而不是当个只会复制粘贴的"知识的二道贩子"。学习的价值在于它能培养我们的独立思考与批判能力,而这需要建立在扎实的知识储备之上。批判性思维要求我们在面对问题时能迅速提取相关信息,并用逻辑进行分析,而不是一味地依赖网络。近年来,芬兰成功的教育体系成为全球学习改革的标杆。其在教育中强调让学生通过项目式学习和跨学科研究,将知识和实际应用相结合,从而培养学生创新和解决问题的能力。这种能力的根本在于学习者对知识的深度掌握,而不是浅尝辄止。

因此面对质疑时，一个有力的回应，就是把学习落地到生活中，用实践说话。比如，你可以讲一个亲身经历：当你面对的一个跨学科的复杂项目，正是之前系统学习和反思过的时，你便能快速整合知识，找到解决方案。这一过程，远远不是搜索一个答案就能完成的。当别人问你"为什么还要学历史"时，你不妨微笑反问："如果你不了解历史背景，如何判断新闻报道背后的立场？你又如何理解社会分裂的根源？"深度学习带来的，是看问题的高度和深度，是在面对复杂世界时的判断力与洞察力。从脑科学的角度看，主动学习所激活的大脑区域，包括前额叶皮层（负责判断与决策）、海马体（处理记忆）以及与动机系统相关的伏隔核，在持续的学习过程中，会逐步建立起更高效的认知连接。心理学研究则告诉我们，真正的理解、分析和创新能力，源自信息加工与长时记忆的互动，这不是一时的"查找"所能取代的。

这正是费曼学习法如此重要的原因。它强调用自己的语言解释知识，不断发现理解的盲点，再用实践去检验。这不仅是对学习内容的掌握，更是对学习能力本身的训练。信息可以复制，但思维无法"粘贴"。那些能深度学习的人，终将在"网上都有"的世界里找到别人看不到的答案。

4.1.3 学习的隐性收益：知识如何塑造你的思维与决策

我们大多数人都是在分数、证书和可量化成果的鞭策下踏入学习的门槛的。仿佛知识的价值，只在于一次考试的高分，或某项技能的掌握。但其实，那些最深远、最具转变力量的收

第4章 打破学习心理魔咒：学会用费曼学习法应对常见误区

获，往往潜藏在看不见的地方。正如水润万物而不争，学习的隐性收益，总在不经意间滋养着我们思维的土壤，雕刻着我们决策的尺度，甚至默默地改变着整个人生的走向。

试着回忆一下你最后一次真正"理解"某个复杂概念的瞬间——也许是当你终于弄懂了概率论中的贝叶斯定理，也许是你第一次能够把相对论讲给别人听的那一刻。那不是简单的记忆，而是一种内在结构的重塑。学习并不是把信息塞进脑袋那么简单，它更像是在脑海中搭建一张越来越复杂的神经网络，将新旧知识相互连接，重新排列、嵌套，实现思维成长，最后构成一个属于你自己的认知宇宙（见图4-2）。

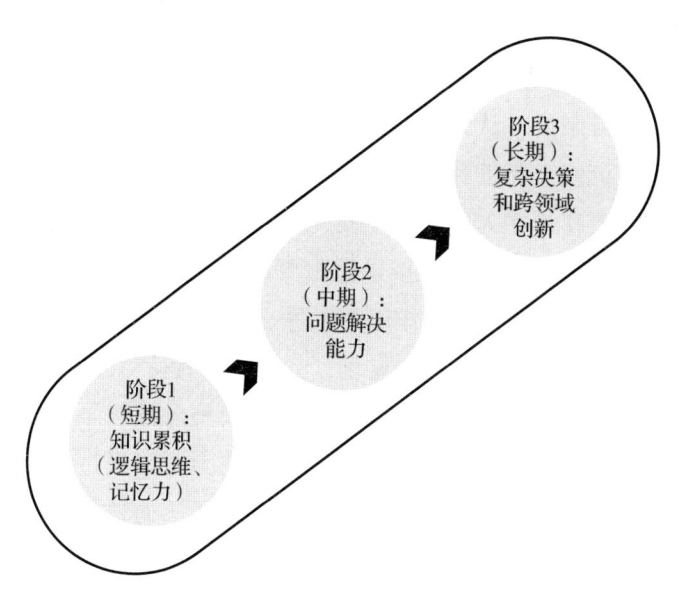

图4-2 学习思维：一个人通过长期学习实现思维成长的路径

这正是费曼学习法的妙处所在。它并不鼓励我们死记硬背，而是要求我们用最简洁的语言去"教"会别人。这个过程本质上是一种自我解构与重建，是把一个抽象的概念变成一颗可以种进他人脑海的种子。正如心理学家所发现的那样，这种"以教促学"的过程会强烈激活前额叶皮层——我们大脑中负责计划、分析和批判性思维的区域。我们越是尝试解释，思维越是清晰；我们越是理解背后的逻辑，判断也就越精准。这种思维训练并非只在学术场合派上用场。想象一下，在一个职场会议上，你面对突如其来的问题，若能调动脑中跨学科的知识储备，就能迅速做出合理决策。而那些真正善于学习的人，往往不靠一时的聪明，而是靠反复练习将复杂问题简单化的能力取胜。他们像棋手一样思考，一眼看穿局势的本质。这正如尼采所说："人类最深刻的思想，往往来自最清晰的表达。"更妙的是，这种由学习带来的"认知升级"是一种可以迁移的能力。你对历史的洞察可能会帮助你识破广告语中的操控策略；你对心理学的理解，能让你在人际交往中更从容不迫；甚至你掌握的物理知识，也能让你在生活小事中做出更高效的选择。学习是一种看似抽象的积累，但它的作用却在每一个现实场景中静静流淌，润物细无声。而更深一层的变化，藏在我们看待自己的方式中。心理学家卡罗尔·德韦克所提出的"成长型思维"早已成为教育心理学的核心概念之一。那些相信"能力可以通过努力而获得提升"的人，往往在遭遇失败时更具韧性。而这种信念，恰恰是由一次次学习中的"小胜利"累积而来的。比如，当你通过费曼学习法复盘一个难懂的原理，并最终说服了自己"我真的懂了"，那种细微但真实的成就感，正是在无声地告诉你：你做得到。

第4章 打破学习心理魔咒：学会用费曼学习法应对常见误区

费曼学习法中最关键的一步——"反思"，正是这种信心养成的催化剂。它不仅让我们检验是否真正掌握知识，更引导我们建立起对过程的信任。很多人常常在结果中寻找自我价值，却忽略了努力的轨迹才是真正的成长轨道。正是在一次次的自我解释中，我们打磨思维、强化逻辑、拓宽理解的边界。学习的回报不仅仅限于个体成长，它还会"外溢"到生活的方方面面。文学训练带来的是细腻的共情力，科学训练孕育的是缜密的逻辑思维；而通过学习形成的自律、思辨、表达能力，在家庭、职场、社交等各种场合，都能闪现出光芒。一位擅长用费曼学习法的医生，也许更擅长与患者沟通；一位擅长用费曼学习法的工程师，也许能更清楚地说明项目思路，从而带动整个团队的协作节奏。知识带来的从来不是单一维度的成长，它更像一颗种子，在多个生活维度同时发芽。

所以，学习从来不是只为某一场考试准备的战斗，也不只是追逐一纸证书的手段。它更是一场静悄悄的革命，是我们悄然改变自己的方式。而费曼学习法，不仅教会我们如何学习，更帮助我们看到：知识的终点，不是记住某个定义，而是能够用它去理解世界、塑造自己，并在每一个未知难题面前，依旧具备面对它的勇气和保持清醒。

4.2 重塑学习信念：从内心转变到行动突破

在讨论完学习的重要性后，我们不得不面对一个更加深层的障碍：限制性信念。限制性信念像是隐藏在学习者心中的"无形锁链"，它可能来源于过去的失败经历、外部的刻板印象，甚至是对自身能力的错误评估。这些信念不仅限制了我们对自身潜力的开发，还让学习的过程变得步履维艰。我们每个人或多或少都给自己设下了一些无形的界限，比如"数学太难，我天生学不会"或者"英语口语不适合我"。这些限制性信念就像一堵看不见的墙，将我们的能力局限在我们自己认为的"舒适圈"里。这种现象并不罕见，它可能源于某次失败的学习经历，或者某些刻板的外界评价，让我们对自己的能力形成了一种固定、消极的看法。但学习本质上就是一场自我挑战：挑战过去的认知，挑战不可能的任务，甚至挑战对自己的固有定义。那么，如何找到这些"墙"的根源，并拆除它们呢？

第一步：发现"墙"的存在。想象一个人，他一直觉得自己不擅长数学。他对自己说："函数公式太复杂，我脑子根本记不住。"但如果我们仔细询问他的学习经历，会发现他可能只是因为在一次考试中没有弄清楚某道题的概念，便对整门学科贴上了"太难"的标签。这其实是我们常犯的逻辑错误：用一次失败定义一段长期的努力。要突破这样的限制，第一步是觉察自己内心的自我对话。你是否经常使用"我不行""我不适合"这样的句式?这些看似合理的借口,往往正是你设限的表现。

第二步:改变故事的叙述方式。心理学家马丁·塞利格曼的"习得性乐观"理论给我们提供了一个有趣的视角。这个理论提到,我们对失败的解释方式会影响我们是否愿意尝试新的挑战。如果我们将失败归因于"能力不足",我们会变得更加消极;但如果我们能将失败看作"方法不对"或"经验不足",我们就更有可能尝试新的学习方式。举个例子:一个学生在英语听力考试中连续两次失利,他会如何解释呢?如果他说"我的听力天生就不行",他会越来越畏惧听力练习;但如果他说"可能是我的练习材料不够多,或者我需要换一种学习方法",他便会更主动地去寻找解决方案。改变叙述方式,不是为了逃避事实,而是为了给自己的努力留出空间。

第三步:用费曼学习法重塑信念。费曼学习法强调"教授"别人,这看似是帮助他人,其实更像是一面镜子,映射出我们真正掌握的内容,以及尚未理解的盲点。在这个过程中,我们会发现很多自认为懂了的内容其实并未真正掌握,而讲解对象的反馈也能帮助我们发现盲区。通过反复解释和调整,我们逐渐突破了"我不行""我不懂"的心理障碍。比如:小李觉得自己不擅长历史,总觉得历史事件太多,记不住。但他尝试用费曼学习法,将每一段历史以故事的形式讲给同学听。他发现自己在讲解的过程中,原本模糊的时间线逐渐清晰了,事件之间的逻辑也更容易记住了。通过教授别人,他不仅重新认识了自己的学习能力,还逐渐打破了对自己的偏见。

第四步:将目标拆解,让进步可见。大多数限制性信念的形成,还与我们对学习目标的误解有关。很多人把"学会一门外语"或者"掌握编程"这样的目标看得过于宏大,以至于望而却步。其实,任何学习都可以分解为更具体的小目标,比如"每天记5个单词""一周完成一段代码练习"。每一次的小小成就感,都会让我们看到"这件事没那么难",从而逐步突破对自己的设限。

第五步:接纳自我,与局限和平共处。打破限制性信念并不意味着每个人都要成为全能学霸。事实上,接纳自己的局限性恰恰是实现真正成长的关键一步。这种接纳不是对短板的妥协,而是对自我认知的深化:我们承认并尊重自己的独特性,并在这个基础上寻找属于自己的学习路径。

接纳自我也包括管理好对短板的情绪反应。许多人在面对短板时容易陷入自我批评:"我怎么会这么差劲?"但研究表明,过度的自我批评会导致更高的焦虑水平,反而降低学习效率。相反,自我同情(Self-compassion)能够帮助我们用更温和、更积极的态度看待自己的不足,从而更专注于改进过程。试着在面对局限时,问自己三个问题:

- 这真的无法克服吗?(明确问题的性质)
- 如果不能完全解决,我还能从中学习什么?(关注成长的可能性)
- 是否有其他路径可以达到同样的目标?(寻求替代方案)

这种方法可以帮助我们在学习中避免不必要的情绪消耗,同时培养更健康的心理韧性。

接纳自我并不是向局限投降，而是对自己的独特性发出善意的微笑。每个人的学习旅程都像是一幅未完成的拼图，有些部分可能还不完整，但整体却充满潜力。正视短板、利用优势、调整策略，再加上持之以恒的努力，终将把这幅拼图变得更加完整和美丽。在这个过程中，我们真正学会的，不只有知识本身，还有如何与自己的独特性和平共处，迈向更广阔的未来。

4.2.1　面对学习恐惧：用费曼学习法建立内心安全感

在学习的旅途中，恐惧和焦虑是两位常见但不受欢迎的"旅伴"。面对一门新兴的学科、一本复杂的书籍或一场重要的考试，我们或许会感到手足无措，甚至想要逃避。这种畏难情绪从何而来？心理学研究表明，人类的大脑天生倾向于规避不确定性，而学习恰恰是一场不断面对未知的旅程。学习恐惧是一种普遍存在却常被忽视的情绪现象，它源自对未知的本能抗拒以及对自我能力的质疑。面对学习恐惧，我们并非要彻底消除这种情绪，而是学会与之相处。恐惧本身不是敌人，而是提示我们需要更加专注、更加有策略地应对挑战。借助科学的方法，我们可以将这种恐惧转化为前行的动力。

在每一个面对新知识的瞬间，我们的心里可能都曾涌起过某种隐隐的不安。不是因为题目太难，也不是因为没有时间，而是源于一种更深层、难以言说的恐惧：我是不是不够聪明？我是不是比别人慢？我是不是一开始就注定做不好？

心理学家卡罗尔·德韦克曾用"固定型思维"（Fixed Mindset）一词精准地点出了这种内心挣扎的根源。她发现，许多人并不是因为真正无法学会，而是因为在面对挑战时过早地按下了"退缩"的按钮。他们相信能力是先天注定的，不可更改。于是，失败不再是一次普通的跌倒，而成了"我不行"的铁证；不懂也不再只是过程中的停顿，而变成了"我不够聪明"的自证；而与他人的比较，更像是一面时时悬在头顶的镜子，让人一照之下，只见自己的渺小。这种心理防御机制并非空穴来风，它甚至在我们的大脑结构中找到了痕迹。神经科学研究显示，当我们面临具有挑战性的学习任务时，控制情绪反应的"杏仁核"（Amygdala）会被迅速激活，释放出焦虑与恐惧的信号。如果任务太复杂、目标太高，杏仁核就拉响了内部警报，使得原本负责逻辑思考和理性判断的前额叶皮层暂时"离线"，结果就是我们越想学越焦虑，越努力越觉得寸步难行。然而，情绪本身并不是敌人。真正的问题，是我们太习惯压抑这种情绪，而非与之对话。就像面对一段陌生的旅程，恐惧从来不会彻底消失，但它可以被驯服——关键在于节奏。心理学家阿尔伯特·班杜拉（Albert Bandura）提出的"自我效能感"理论，为我们提供了一个温和而有效的解决路径：与其逼迫自己跳上陡峭的山崖，不如先跨过第一个小石阶。每一次完成一个具体的小目标，都是在对自己说"你做到了。"这种自我肯定的积累，就像是我们在黑夜中点亮微光，逐渐驱散内心对学习的恐惧。

想象一个学游泳的孩子。他第一次踏入水中时满脸紧张，甚至不敢松手。但随着每一次短暂的漂浮，每一次成功地在水中憋气，他对"我可以学会"的信念开始生根发芽。学习也是如此。不是一跃千里，而是一次次小小的跨越，逐渐帮我们建立起掌控的感觉。而这种掌控感，正是驱散学习恐惧最好的解药。

也许我们无法完全消除内心的那句"我是不是不行",但我们可以用一次次扎实的尝试去回应它:"我正在变得更好。"就像德韦克所说的那样:"不要问你'有没有这个能力',而要问'我有没有还没学会的方法'。"只要你相信成长是可能的,学习就不再是对自我的审判,而是一场充满韧性与希望的探索旅程。

逐步拆解任务,降低心理负荷。将学习内容分解成小型、具体、明确的任务,是应对恐惧的有效方式。例如,在学习微积分时,与其直接面对整本教材,不如先从理解一个核心概念开始。每完成一个小任务,大脑会释放少量的多巴胺,带来积极的情绪反馈,使恐惧感逐渐减弱。

设定"可实现"的目标。与其盲目追求完美,不如设定切合实际的目标。例如,先专注于掌握概念的基本原理,再逐步提高难度。这种目标管理策略能够让学习者在每一阶段感受到"我正在进步",从而在心理上建立一种积极反馈循环。

学会容忍"不懂"。对"不懂"的恐惧往往来源于对自我价值的过度评估——认为每一次的不懂都在证明自己的"愚蠢"。然而,不懂是学习的本质和起点。心理学家安杰拉·达克沃斯(Angela Duckworth)提出的"坚毅"(Grit)概念强调,成功的学习者往往具备更高的挫折容忍度,他们愿意接受暂时的迷茫,并将其视为前进的必要阶段。

将恐惧转化为成长信号。适度的学习恐惧并非坏事。凯利·麦格尼格尔(Kelly McGonigal)的研究表明,适度压力(即"积极压力")不仅能够激发学习者的潜能,还能够增强长时记忆的深度。在这种情况下，我们需要将恐惧重构为"成长信号"——一种提醒我们关注和调整学习策略的内在提示。例如，一名高中生面对物理公式感到头痛时，恐惧实际上是在告诉他需要改变学习策略，也许他应该先通过简单的实验或实际应用来理解公式的意义，而非机械记忆。

内心安全感的建立。内心的安全感并不能完全消除恐惧，而能通过与恐惧对话，找到稳定的心理支点。我们可以用以下策略来增强学习中的安全感：

- **建立学习节奏**：为自己制定固定的学习时间和任务分配表，在固定节奏中减少不确定性带来的焦虑。
- **借助支持性资源**：寻找有经验的导师、积极的同伴或易于理解的教材，减少认知负荷。
- **正念练习**：通过深呼吸或冥想，将注意力从"担忧结果"转移到"专注过程"，使大脑进入更加高效的学习状态。

或许最令人意外的是，学习恐惧本身可以成为一个重要的自我发现工具。它迫使我们重新评估自己的优劣势，重新设计学习路径，并在这一过程中提高情绪调节能力。学习不仅塑造了我们的知识体系，还塑造了我们的情绪韧性和心理结构。最终，恐惧不再是学习的阻碍，而是一种成长的信号——提醒我们前方仍有探索的空间。通过科学的方法与恐惧共处，我们会发现，那些曾经让人心生畏惧的高山，在迈出的每一步中，变得越发亲切和真实。

4.2.2 知行合一：通过"教授"实现学习信念的内化

学习的最高境界，不是记住某个概念，而是能够将其转化为可执行的行动，并在行动中形成新的信念体系。哲学家王阳明提出"知行合一"的理念，强调知识只有通过实践才能真正内化。这一观点在学习领域尤为重要，而费曼学习法的第三步"尝试教授"，正是将"知"与"行"连接起来的关键方法。

教学的过程是对学习的一次深刻审视。研究表明，教授别人可以显著提高学习者的知识整合能力，并增强其信念的坚定性。美国心理学家本杰明·布鲁姆（Benjamin Bloom）在其著名的"教育目标分类学"中指出，学习的最高层次是"创造"和"评价"，而"教授"别人正是对知识的主动重构和评估，这促使我们真正理解和掌握所学内容。从心理学角度来看，教学也能激发强烈的责任感。认知负荷理论提出，当学习者知道需要向他人解释时，大脑会自动分配更多资源来确保内容的准确性和逻辑性。这种对知识的主动加工过程，不仅巩固了学习者对知识的理解，还通过行动强化了学习信念。

试图教授别人，往往会暴露我们原本忽视的盲点。一个概念，我们只有在清晰且逻辑严谨地向他人讲解时，才算真正掌握了。例如，当你试图向别人解释牛顿第一定律时，可能会意识到自己只记住了定义，却并未理解其背后的深层逻辑。通过教学，这些盲点得以被逐一补足。例如，一位老师在向学生讲解文学作品时，引用生活琐事反而让作品更动人。再如，一个程序员在教同事写代码时，不再高谈设计模式，而是说："这段代码的逻辑就像你点外卖的时候，先选菜再付款。"教会别人，其实是在强化自己,也是在让知识真正"活"起来。这种情境感知能力能够让学习信念更加贴近实际生活,并在决策和行动中得到自然流露。

从"模拟教学"开始。在学习的世界里,最强大的理解,往往不是来自反复阅读,而是来自"教授"别人的那一刻。就像鲁迅说的:"真的猛士,敢于直面惨淡的人生。"而真正的学习者,也要敢于直面自己不懂的地方。于是,费曼学习法悄悄递来一把钥匙——通过"模拟教学",我们得以打开通往深层理解的那扇门。

你并不需要一间教室,也不需要一群学生。只需要一个安静的角落,一个愿意思考的自己。把学到的内容,用最简单的语言讲出来——像是在和一个好朋友聊天,又像是在跟一个不懂行的孩子解释"供需曲线是什么"。你可能会自问,然后回答说:"想象一个热闹的菜市场,卖西红柿的人多了,价格就降了;但想买的人多了,价格就涨了。这种关系,就叫供需。"这看起来简单,却恰恰是对复杂概念的去芜存菁。更有趣的是,当你在脑中模拟一个"假想学生"向你提问:"那供需平衡点怎么找?"你可能会惊觉自己其实并不清楚。正是在这种自问自答的过程中,知识的盲点才会如同暗礁般浮出水面。而每一次识别这些盲点,都是一次向真正理解靠近的机会。

构建反馈回路。理解不能止步于自言自语。费曼学习法强调的另一关键就是建立"反馈回路"。没有反馈的教学,是在空气中播种。找一个朋友,一位同学,甚至是一个在线学习小组,把你想讲的内容讲出来,让他们打断你、质疑你、抛出刁钻的问题。这些"挑战",其实正是你认知地图上还没点亮的地方。

曾有一位物理爱好者在向朋友解释"不确定性原理"时，被问道："所以电子是'有点像'波，也'有点像'粒子，那它到底是什么？"这一问把他打了个措手不及。正是因为这样的问题，他重新翻阅资料，补上了"像但不是"的理解空白。他没当上物理老师，但成了真正的学习者。

教学，不是终点，而是一面镜子。它让我们看到自己理解的边界，也提醒我们还有多少地方可以拓展。在讲解中发现盲点，在提问中锤炼思维，在反馈中淬炼认知，这样的学习，不再是孤单的苦读，而是一场思维与世界的对话。

将知识与真实场景结合。我们总以为"教授"别人是课堂上才会发生的事，要站在讲台上，才配拥有那个"讲"的资格。但其实，教学的种子，藏在你生活的每一个角落里——一顿饭后的闲聊，一次深夜与朋友的争论，一句给孩子解释"为什么天会黑"的随口应答。正是在这些不经意的时刻里，知识得以被"点亮"，也真正进入了你的世界。

你有没有试过，在咖啡馆里，向朋友解释"什么是通货膨胀"？本来只是想谈谈最近物价怎么又涨了，结果发现自己绕了一大圈也讲不明白，甚至越解释越乱。这个时刻，就是"费曼学习法"悄悄出场的最佳时刻。你重新思考——什么才是"通货膨胀"？它和钱包"变瘦"之间到底有什么关系？于是你改口说："你想象一下，原来一杯咖啡卖20元，现在卖30元，但你的工资还是原地踏步。你的钱，其实'缩水'了。"朋友点点头，你也突然明白：我是真的懂了。

很多时候，真正的理解，正是从这种"试图教授"别人中冒出来的。在讲的过程中，我们才意识到自己原来只是"以为自己懂了"。就像有人在向孩子解释牛顿第一定律时，说着说着突然卡壳："为什么没有外力就能一直运动呢？"于是他去查资料、找例子，才终于明白：不是物体非要停下来，而是这个世界从来没有真正的"无摩擦"环境。从那以后，他再讲这条定律时，会说："你推一个滑板，它会慢慢停下，不是因为它想停，而是地面一直在'拉住'它。"这就是"生活化教学"的魅力。你把知识搬出教科书，让它和热咖啡、滑板车、柴米油盐有了连接。你不再害怕"讲不好"，因为每一次讲不好，都是在发现"我还可以更懂一点"。你不是在教别人，是在借别人来雕刻自己。而这个过程中，也发生着一种更微妙的变化：你的信念，开始变得"有根"。当你把抽象的概念嵌入具体的情境，你会开始相信"这个知识的学习不单是为了考试，更为了应用于生活"。你对知识的信心，不再来自分数，而是来自一次又一次在现实里"用上它"的满足感。你会在用心理学解释朋友的选择时感到自豪，在用经济学分析房价涨跌时感到笃定，在用科学告诉孩子"为什么不能只吃糖"时感到有责任心。

"教授"别人从来不是高高在上的姿态，而是对知识最谦卑的回馈方式。它不是把东西"说出来"，而是把知识"活出来"，活成一句话、一个例子、一场对话。最好的教学，往往不是在讲台上，而是在我们愿意耐心讲给某一个人听的时候开始的。它不应仅限于理论来传递，还可以尝试通过实际应用来教学。例如，在学习统计学时，我们可以通过实际数据分析来向团队展示方法的应用价值。这种实践性的教学不仅让知识更加生动，还使信念更加贴近实际需求，从而形成深刻的内化。

心智的重塑：从输入者到输出者。古希腊哲学家苏格拉底曾用"助产术"比喻教育——真正的知识不是从外注入的,而是从内引出的。这种从"输入者"到"输出者"的转变,恰如破茧成蝶的蜕变过程,不仅是学习方式的转换,更是思维模式的革命性升级。

当我们停留在输入者阶段时,知识就像散落的珍珠,被动地堆积在大脑的某个角落。通过教学,学习者完成了从"输入者"到"输出者"的转变。这种转变不仅是角色的变化,更是思维模式的升级。从神经可塑性的角度看,持续的教学输出会重塑我们的大脑地图。就像伦敦出租车司机经过严格训练后海马体体积明显增大一样,经常进行知识输出的人,其大脑中负责概念整合的角回区域也会发生结构性变化。这种改变让我们获得了一种"认知弹性"——能够像达·芬奇那样,在艺术与科学之间自由切换视角。教育家蒙特梭利有句名言:"我听过了,我就忘了;我看见了,我就记得了;我做过了,我就理解了。"而我们要续写:"我教会了,我就拥有了。"当完成从输入者到输出者的转变,我们收获的不仅是知识本身,更是驾驭知识的能力——这种能力,正是古希腊人所说的"智慧的火炬",既能照亮自己的前路,又能为他人指引方向。

通过"教授"别人,学习者能够突破畏难情绪,感受到知识带来的真实力量。在这个过程中,他们不再仅仅是学习的参与者,而成为学习的塑造者、传播者,最终用知识去创造更多的价值。

内化信念,化知识为行动。有一天,你会发现自己不再刻意"用"某个方法,因为它已经悄悄成为你思考的方式,成为你看世界的底色。这种转变,不是来自一夜爆发的灵感,而是一次又一次重复的尝试、反复的推敲、失败后的重来，以及无数个"我还不太懂"的时刻。知识真正的内化，就像喝水时水流进了身体，不需要你再去"记得喝水"，你渴时，会主动去找水。学习也是如此。一种思维方式，只有在你不用特别提醒自己时依然在发生，那才算是落地了。

很多人误以为"知行合一"是哲学家的空谈，其实它就在日常生活中。你开始用所学的知识帮朋友解决问题，你开始用学到的逻辑反思一次情绪崩溃的背后原因，你在做职业选择时，会停下来想："我有没有真正理解这件事的底层逻辑？"这些细微的变化，不再只是"我学会了这个方法"，而是它逐渐融入你的思维和行为方式，让你从"刻意使用"到"自然体现"——知识，终于变成了你的一部分。

我们学费曼学习法，不仅是为了考试得高分，不仅是为了展示自己的条理性，还是为了真正拥有一种面对未知的勇气与方法。它不只是让我们更聪明，更是让我们更诚实。诚实面对自己不懂的地方，也诚实地承认，原来我还可以变得更好。就像费曼自己说的："你不是真正懂一个东西，直到你能用最简单的语言把它解释给别人听。"但我要加一句：你也不是真正拥有一种能力，直到它悄悄融进了你每天的决定和每一次的选择里，直到你不用提醒自己去用它时，它仍然在你心里生根发芽。那一刻，知识终于有了温度，学习也不再是为了成为某种人，而是——你已经开始成为你自己。

4.3 理性面对学习挑战：从停滞到精进

在学习的道路上，停滞是一种常见却容易被忽视的状态。我们往往沉浸于一项重复的任务或低效的努力，误以为自己在不断进步，却鲜少意识到这种状态或许是一种"假性学习"。与其继续被动地接受停滞，不如理性地审视自己在学习过程中的思维与行为模式，通过有意识的调整，从停滞中迈向精进。

4.3.1 逃避式思维的陷阱：如何避免"假性学习"的困境

你有没有这样的时刻？打开书本，翻来覆去地看着同一页内容，自我感觉"我今天很努力"，或者埋头苦写十页笔记，结果一问问题，却答不上来。明明看起来学了不少，可心里总有种空落落的感觉，好像那些知识根本没留下什么痕迹。这就是"假性学习"的典型表现（见图4-3）。而它往往披着"认真努力"的外衣，骗得我们心甘情愿。其实，我们并不是不努力，只是我们有时候会本能地逃避真正需要动脑筋的事情。那种需要你停下来、皱眉头、思考半天甚至感到有些焦虑的问题，我们总是悄悄绕过去。于是，我们看似是在学，其实是在演。就像考试前，把整本书抄一遍，仿佛抄完了就真的掌握了一切；

或者刷题刷到手麻，却从没停下来想过"我到底理解了这些题在考什么吗"。

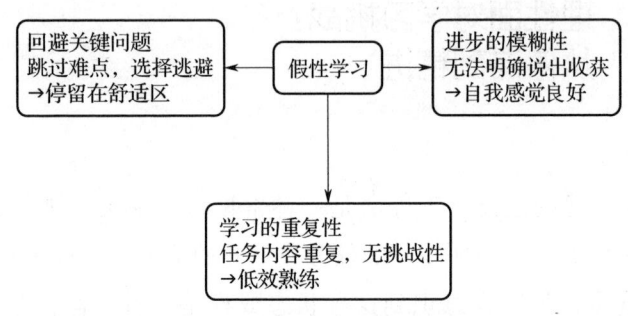

```
┌─────────────┐      ┌─────┐      ┌─────────────┐
│回避关键问题   │      │     │      │进步的模糊性   │
│跳过难点，选择逃避│←─────│假性学习│─────→│无法明确说出收获│
│→停留在舒适区 │      │     │      │→自我感觉良好 │
└─────────────┘      └──┬──┘      └─────────────┘
                        ↓
                 ┌─────────────┐
                 │学习的重复性   │
                 │任务内容重复，无挑战性│
                 │→低效熟练     │
                 └─────────────┘
```

图4-3 "假性学习"的典型表现

人是会骗自己的动物。我们用那些"我好像学得很多"的仪式感，来缓解内心的焦虑与不安。但真正的成长，恰恰发生在那些让你不舒服、让你卡壳、让你想逃的时刻。心理学家卡罗尔·德韦克提到"成长型思维"时说过一句话，我一直记得："人只有在挑战面前不退缩，才会真正成长。"换句话说，舒服是拿来休息的，不是用来学习的。成长型思维和固定型思维见图4-4。

我曾经从事过几年基础教育工作。我的班上有一个小孩，他特别勤奋，每天写满几本练习册。可是每次考试，他总是在关键题目上丢分。我问他："这些错题你有认真分析过吗？"他愣了一下，说："我做错的题目都做了三遍了啊。"但当我继续追问："那你知道自己错在哪里吗？"他低下了头。问题就在这儿。他不是没努力，而是一直把努力用错了地方。那种重复做熟悉的题目的方法，虽然看起来像是在复习，其实只是让自己安心——就像绕着问题走，却告诉自己："没事，我在前进。"很多人其实都像这个孩子。我们对真正需要"硬啃"的东西，

成长型思维	固定型思维
☑ 我可以学习任何我想学的东西 ☑ 当我遇到挫折时，我会坚持不懈 ☑ 我想挑战自己 ☑ 当我失败时，我会学习 ☑ 告诉我，我很努力 ☑ 如果你成功了，我会受到鼓舞 ☑ 我的努力和态度决定一切	◎ 我要么擅长，要么不擅长 ◎ 当我遇到挫折时，我就会放弃 ◎ 我不喜欢接受挑战 ◎ 如果失败了，我就一无是处 ◎ 如果你成功了，我会感到威胁 ◎ 我的能力决定一切

图4-4　成长型思维和固定型思维

天生有点抗拒。这是人的本能，谁都不想不舒服。可学习，本就是一件与人性的懒惰享受对抗的事。

真正的学习，不一定是你坐在书桌前几个小时，也不一定是写满一摞笔记本的练习，而是你敢不敢直面那些让你皱眉头的问题，愿不愿意承认"我其实不懂"。有时候，一个你认真搞懂的难题，胜过十页你熟悉得不能再熟悉的内容。所以，如何判断自己是不是落入了"假性学习"的陷阱？不妨扪心自问几个问题：

> 你今天做的事，有让你感到一点点不安或者挑战吗？
> 你能清楚地说出今天学到了什么，而不是"我学了很多吗"？

> 有没有一个你一直不想解决的问题，它现在还在那里等你？

如果答案是否定的，那说明你并不是不够努力，而是陷入了一种"看起来很努力"的幻觉。逃避式思维的陷阱，就像温水煮青蛙，让你一直"忙"，却原地踏步。而费曼学习法的核心，恰恰在于它迫使我们不断面对"我还不懂"的地方。它是一种诚实的学习方式，诚实地面对自己的不足，诚实地拆解知识，而不是演给自己看。

所以，下次当你又想去重读那段你已经背熟的文字时，提醒自己：也许真正的成长，就藏在你不想面对的那个地方。

用费曼学习法直面真正的难题：破解停滞的钥匙。 我们总以为，学习的瓶颈是知识难、时间少、注意力不够，但其实，最难突破的，往往是我们不愿意正视自己"还不懂"的那部分。那种面对难题时的慌乱、逃避、心虚，才是让学习卡壳的真正根源。就像一辆陷在泥地里的车，越踩油门越原地打滑。如果我们不改变驾驶方式，再多的努力也不过是浪费燃料。而费曼学习法，就像是车主突然意识到："也许我该下车看看轮子卡在哪了。"这并不是一个"技巧性"的小窍门，而是一种直面困难、承认无知、拆解复杂难题的根本思维方式。它的本质是诚实，是主动地走出"我好像学会了"的幻觉，直奔那个真正搞不懂的核心问题。

从理解入手：发现思维盲区。 在学习一个新概念时，不要满足于背诵定义或复制答案，而要问自己能否用简单的语言向别人解释。例如，在学习概率论时，你能否用日常生活中的例子

（如掷硬币或抽奖）来说明条件概率的意义？如果无法做到，这正是你需要进一步攻克的盲区。

尝试简化问题：拆解核心挑战。费曼学习法的第二步强调简化重述，将复杂问题分解为可以逐步解决的小任务。例如，在学习微积分时，可以尝试用几何图形直观展示变化率的概念，而不是一开始就深陷公式的复杂推导中。

深度练习：超越表面化的重复。心理学家安德斯·艾利克森（Anders Ericsson）提出的"刻意练习"理论与费曼学习法不谋而合。深度练习要求我们跳出舒适区，专注于解决真正的薄弱环节。例如，与其机械刷题，不如挑选一组高难度的题目反复推演，直到能够清晰解释每一步的逻辑。

心态重塑：从"逃避"到"专注"。每个认真学习过的人，大概都经历过那种心虚的时刻——书翻到了第五章，可心里知道连第三章的概念还没真正搞懂；试题做了几十道，却依然不敢碰那几个"看不懂题干"的难题。我们用看似努力的节奏，掩盖真实的焦虑和不安。逃避的心理并不总是张牙舞爪的，它可能披着"先从简单的开始"的外衣，悄悄把我们引回那片熟悉却无助于成长的舒适区。

但学习，从来就不是一条平坦的路。

真正的转变，不是靠一夜暴走式的学习计划实现的，而是源自那一刻你选择不再逃避：哪怕只是盯住那个自己反复跳过的知识点多看三分钟，再试着讲给自己听一次，再失败也不翻页。那一刻，你已经在改变了。

心理学家布鲁克斯（Brooks）做过一个很有意思的实验：她让参与者在面对紧张任务前，不说"我很紧张"，而是主动对自己说"我很兴奋"。结果令人惊讶——那些用"兴奋"重新解释情绪的人,表现得更从容、更专注,也更容易突破难关。这说明,我们不是非得等到不焦虑、不害怕才能开始挑战;相反,学会带着情绪前行,才是真正的成熟。

费曼学习法恰恰是帮助我们完成这种心理转变的桥梁。当我们用它把复杂的问题拆解成可以解释的语言,我们其实就是在把"不安"转化为"理解"的力量。它不是在安抚我们,而是在训练我们:你可以带着问题往前走,你也能在混沌中逐步找到秩序。你或许曾觉得自己"太笨""学不来",但也许只是因为你一直在试图绕过难题,而不是直面它。你看似懒惰,实则害怕。这时候,如果你换一种视角来看待挑战,不把它当成敌人,而将其视为成长的台阶,那种心态的微调,会带来惊人的转变。那些曾经让你停滞不前的内容,也许会因为一次认真讲解、一次深度拆解而豁然开朗。而你会发现,原来真正的进步,从来不是一次性跃升,而是一场场"面对"困难的积累。

成长并不总是令人兴奋的旅程,它很多时候是孤独、缓慢甚至有点痛的。但当你开始练习不再躲开困难,而是带着工具(比如费曼学习法)、带着意识(比如"我正在变得更清晰"),一点点地把注意力从表面任务转移到真正的核心内容上时,你的学习也就真正活了起来。每一次不逃避的努力,都会悄悄带你走出那个"看似努力"的循环,走进那个"真正理解"的世界。

4.3.2 接受"不懂"的意义:把迷茫化为前进的起点

学习过程中,迷茫是一种再正常不过的情绪:当我们遇到一段晦涩难懂的理论、一种始终无法掌握的技能，甚至是对整体学习目标的困惑，常常会感到无助和自我怀疑。然而，真正的学习并不是试图消除"不懂"，而是学会直面它，甚至拥抱它。将迷茫视为起点，而非终点，是实现突破性进步的关键。

"不懂"本身就是一种学习信号。心理学家罗伯特·比约克（Robert Bjork）提出的"必要难度"（Desirable Difficulties）表明，适度的认知挑战能够促进长时记忆和知识迁移。当我们感到迷茫时，这其实意味着我们正处于突破现有认知框架的边界上。如果我们能够善加利用这种状态，它不仅不会成为学习的阻碍，反而还会成为深化理解、建立新知识网络的契机。一个著名的例子是费曼自己对"不懂"的态度。他在研究复杂的物理问题时，并不羞于承认自己的无知，而是以一种好奇的心态不断追问"为什么"。正是这种直面问题根源的习惯，让他在多个领域实现了卓越的学术贡献。

如何识别知识漏洞？ 要将"不懂"化为学习的起点，首先需要准确识别知识漏洞。这并非易事，因为我们的认知存在一种天然的"熟悉感偏差"：当我们重复接触某一概念或任务时，很容易误以为自己已经掌握了，但实际上只是熟悉表面信息，而非真正理解了。一个有效的方法是通过主动反思、回顾来暴露盲点。

> **回忆检索**：不依赖笔记或书本，尝试独立重述某个概念或原理。如果无法完整表达，说明存在理解上的断层。
>
> **问题清单**：记录每次学习过程中无法回答的问题，并定期回顾，寻找这些问题是否有相互关联之处。

> **跨领域连接**：尝试将当前知识与其他领域的内容联系起来。如果难以找到交叉点，这可能意味着理解还未触及本质。

费曼学习法对"不懂"的处理尤为直截了当：通过将复杂问题拆解为简单问题，将抽象概念转化为具体表达，我们不仅能明晰知识结构，还能明确努力的方向。

第一步：描述问题，暴露漏洞。将"不懂"的内容尝试用自己的语言记录下来。比如，学习概率论时，不妨写下"为什么条件概率需要考虑总概率的变化"，而不是简单记忆公式。这种语言化的过程本身就能帮助我们识别理解的难点。

第二步：从"不会"到"能教"。假设你需要向一个没有任何相关知识背景的人解释当前的问题。如果无法做到清晰简洁地解释，说明你的理解仍有模糊之处。这种"以教为学"的方式是消除迷茫的有效工具，同时也能在过程中逐步完善知识结构。

第三步：不断回顾与修正。费曼学习法的核心在于循环：每一次反思都会带来新的发现，而每一次发现都需要进一步解释和修正。正如费曼本人所言，"科学的本质在于不断提出更好的问题。"学习也是如此，通过持续的回顾，我们能够将"不会"转化为"尚未掌握"的目标状态。

接受"不懂"不仅是学习方法上的调整，更是一种心态上的蜕变。现代认知心理学研究表明，能以积极心态面对迷茫的学习者，更倾向于采用深度学习策略，从而获得更持久的知识收益。正如美国哲学家约翰·杜威所言，"我们唯一真正的教育来自直面问题。"学习从来不是关于如何规避问题的,而是关于如何利用问题驱动成长的。当我们学会从迷茫中寻找方向,从不懂中寻找突破,就能够将每一次学习体验转化为一次探索未知的旅程。而在这段旅程中,真正重要的不是答案,而是我们如何一步步扩展认知边界,拥有更高的智慧。

4.3.3 学习中的弹性成长:如何从失败中发现潜在的机会

学习过程中,失败往往被视为进步的障碍,但真正的成长却往往隐藏在这些挫折背后。如何从失败中发现潜在的机会,并以此为契机提升学习效率和创新能力?费曼学习法提供了一条清晰的路径:通过构建知识网络,将挫折转化为成长的跳板,从而塑造一种更加灵活而富有韧性的学习模式。相关研究指出,个体对失败的态度直接影响其未来的表现。那些认为失败是学习过程中的一部分,而非否定能力的人,更容易从挫折中找到成长的动力。类似地,费曼学习法的核心是主动发现问题、承认不足,并以系统化的方式解决问题。在这个过程中,失败不再是学习的终点,而是发掘新机会的起点。在一次考试失利之后,许多学生往往陷入一种情绪的低谷。面对试卷上密密麻麻的错题,他们开始怀疑自己,认为自己可能并不聪明,或者不够努力。这种自我怀疑的情绪,像一堵看不见的墙,阻挡了他们从失败中汲取教训的可能。然而,**失败不是终点,而是成长的起点**。如果我们从一个全新的角度看待失败,并将其视为一次学习机会,我们便能从中汲取力量,而不是沉溺于负面情绪。

借助费曼学习法，我们可以精准地拆解考试失败的原因，转化为下一次成功的动力。

首先，**用费曼学习法拆解失败：精准识别学习盲点**。许多人将考试的失败归结为"自己不够聪明"，然而，学习的挫败往往是由没有掌握某些知识点造成的。费曼学习法要求我们将每一个学习环节都分解开来，从而找到真正的问题所在。比如，哪些具体的知识点没有掌握？是公式没有记牢，还是概念没有真正理解？通过这种拆解，我们可以清晰地了解自己在学习中存在的盲区，而不是一味地自责。其次，**失败的原因往往不仅在于知识的缺失，背后还隐藏着学习方式的问题**。这时，费曼学习法要求我们深入反思：为什么这些知识点没有掌握？是因为学习时过于依赖死记硬背，还是因为缺少对概念深层次的理解？通过回顾自己的学习过程，我们能够清楚地知道自己是在哪个环节出了问题。这样，我们便能够更有针对性地改进学习方法，而不是简单地认为自己不行。

当我们认清了知识盲点和学习方式的问题后，就知道了**学习策略的根本改进：不再重复错误**。学习不仅仅是通过更多的努力来弥补不足，还要通过更有效的策略来迎接下一个挑战。费曼学习法的核心在于：不仅要理解知识点，更要把它们融入一个更大的知识网络中。这意味着我们不仅要将知识记住，更要将它们与其他知识点进行连接，从而形成一个有机的整体。这种网络化的思维方式不仅能帮助我们牢牢掌握每一个知识点，还能让我们在面对更复杂的问题时，拥有更加灵活的思考能力。

以学习物理为例，一个学生在学习牛顿第三定律时，可能会因为不理解"作用力与反作用力"而感到挫败。此时，费曼学习法的策略就是将问题分解。首先，用自己的话解释"作用力与反作用力"，例如将其类比为朋友之间的互相推搡。其次，将牛顿第三定律与其他定律联系起来，结合牛顿第一定律，探讨惯性与力的关系。最后，带着这些理解去观察现实生活中的例子，比如汽车的行驶，探讨轮胎与地面之间的作用力和反作用力。通过这种分解、连接与应用的方式，学生不仅能攻克原有的知识盲点，还能将新的理解融入整体的知识框架中，增强掌握知识的牢固性。

　　每一次的学习挫败，都是我们进入下一个阶段的跳板。失败教会我们如何在学习中更加细致入微，如何识别盲点，如何改进学习方法，如何将知识从零散的点滴拼接成一个完整的网络。这种转变不仅仅是知识层面的突破，更是一种心态的升华。从每一次失败中汲取智慧，我们将不断优化自己的学习策略，迎接更加复杂的挑战。**每一次挫败，都是通向成功的阶梯。**

第5章

高效学习的费曼技巧：学得快，记得牢

高效学习并不仅仅意味着投入更多时间或更多努力，而在于如何将有限的资源最大化利用。这正是费曼学习法的核心魅力：它帮助我们从根本上重塑学习方式，让学习变得更有方向感和掌控力。然而，通往高效学习的道路上，一个关键的拦路虎是"低效努力"——那些看似忙碌却毫无成效的学习习惯。如何打破这种困局？我们不仅需要掌握技巧，更要转变观念，把时间真正用在刀刃上。接下来，让我们探讨如何借助费曼学习法，走出低效努力的误区，实现学习质效的双重提升。

5.1 不再"低效努力":把时间花在刀刃上

现代学习中,"低效努力"是一个普遍存在但常被忽视的问题。许多人以为投入时间越多,学习效果就越好。然而,研究显示,学习的关键并不在于投入时间的多少,而在于方法的质量。费曼学习法通过其独特的聚焦方式,让我们避免"低效努力"的陷阱,将精力集中于最关键的学习环节。

低效努力最显著的特征是学习时"量"大于"质"。例如,有些学生整天埋头于厚厚的教材,却无法对核心概念形成清晰的理解。教育心理学家约翰·赫蒂(John Hattie)的研究揭示,真正决定学习成效的不是学习时间,而是学习活动的深度和关联性。换句话说,单纯的重复阅读或机械练习,只是"表层学习",无法达到"深层学习"的效果。这种现象背后的原因,往往是学习者对知识结构缺乏清晰认识,导致他们将大量时间浪费在重复熟悉已有内容上,而不是识别和攻克真正的知识盲点。

应用费曼学习法提高效率的实践策略。(1)时间分配与优先级排序。在每天的学习计划中,将重点放在核心问题的解决上,而非机械性复习。例如,每天早晨花费30分钟快速浏览笔记,圈出当天需要重点突破的知识点。(2)小组学习与主动分享。与同伴组成学习小组,通过轮流讲解的方式检查彼此对知识的理解。研究表明，参与学习小组的学生比单独学习的学生在知识理解和记忆上的表现要优异30%以上。（3）**动态调整学习策略。** 在学习过程中，定期反思自己的进展，并通过问题清单及时调整学习策略。比如在复习历史时，如果发现自己总是卡在事件之间的因果关系上，就可以通过画时间线或概念图辅助理解。

突破低效努力的心理障碍。 需要特别注意的是，低效努力往往还伴随着一种"安慰式学习"的心理误区——人们通过看似努力的学习行为掩盖内心的不安。这种心理本质上是一种对未知的逃避。费曼学习法通过不断发现问题并主动解决问题，为学习者提供一种"掌控感"，帮助他们克服这种心理障碍。学习的真正意义，不在于完成了多少任务，而在于是否实现了知识的增长与思维的转变。费曼学习法的精髓就在于，将学习者从低效努力的泥沼中拉出来，让他们把时间和精力花在刀刃上，在有限的时间内收获更多的成长。

5.1.1 学习是脑力活，别只是"装样子"

在学习的漫长旅途中，我们可能都曾遇到过这样的场景：伏案奋战几个小时后，笔记本上布满密密麻麻的记录，然而脑海中却没有留下任何清晰的印象。为什么会出现这种"高投入、低回报"的现象？根本原因在于，我们的学习常常停留在"装样子"的层面，而没有真正调动大脑的认知资源去解决问题。学习是脑力活，需要进行深度的思考与投入，而非简单的机械重复。

"装样子"的学习陷阱。认知心理学中有一种理论被称为"认知负荷理论",它指出,人类的短时记忆容量有限,只有在减少无效认知负担的情况下,学习才能高效进行(见图5-1)。学习过程中的认知负荷可以分为三种:内在负荷、外在负荷和相关负荷。其中,内在负荷与知识本身的复杂程度直接相关;外在负荷则来自与学习目标无关的认知努力,例如无效的学习技巧;而相关负荷则与深层次理解相关的认知努力有关。

当我们"装样子"学习时,往往是在无意识中增加了外在负荷:

- 重复抄写笔记,却未尝试理解内容;
- 无目的地刷题,只求量不求质;
- 过度依赖工具书或答案,缺乏独立思考。

这种看似勤奋的行为不仅浪费了时间,还削弱了我们对真正有意义的相关负荷的投入,从而降低了学习效率。

来自加州大学洛杉矶分校(UCLA)的一项研究显示,单纯的机械记忆无法形成长时记忆,反而容易导致信息的快速遗忘。研究者发现,与其反复阅读同一篇文章,不如通过提取练习(Retrieval Practice)来加深对内容的掌握。这种方法通过主动回忆信息,不断强化大脑中相关的神经网络,最终将短时记忆转化为长时记忆。费曼学习法正是这种深度学习方法的经典体现。它强调在学习中主动提问、主动解释,通过简化复杂内容和教导他人将知识转化为内化的认知结构。这一过程不仅调动了大脑的多层次思维,还显著减少了"装样子"学习的低效行为。

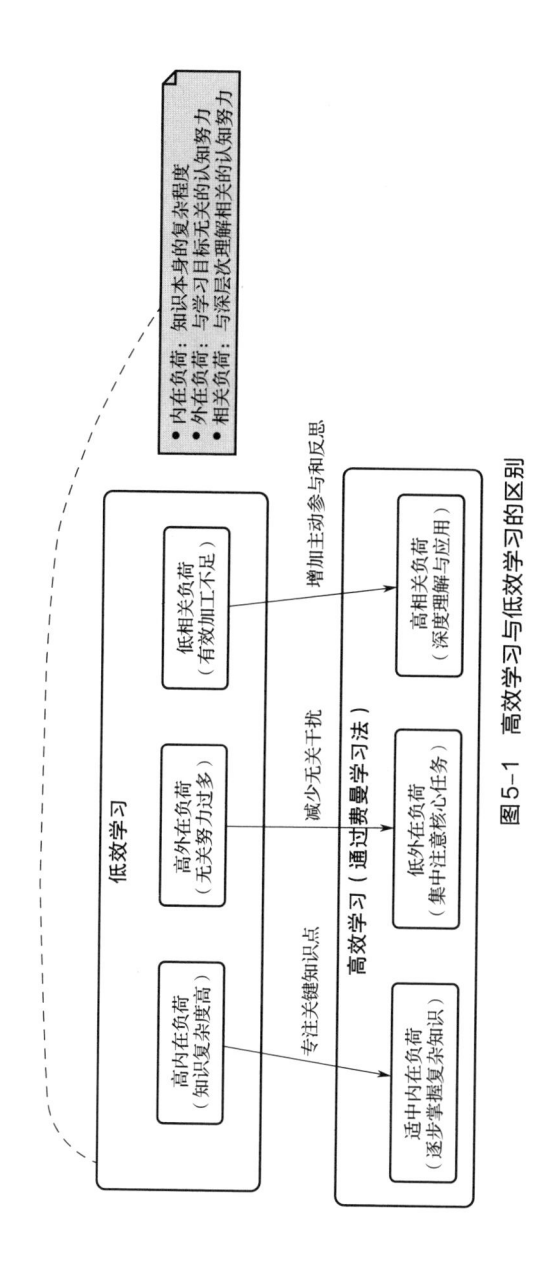

第 5 章 高效学习的费曼技巧：学得快，记得牢

- 内在负荷：知识本身的复杂程度
- 外在负荷：与学习目标无关的认知努力
- 相关负荷：与深层次理解相关的认知努力

低效学习
- 高内在负荷（知识复杂度高）
- 高外任负荷（无关努力过多）
- 低相关负荷（有效加工不足）

高效学习（通过费曼学习法）
- 适中内在负荷（逐步掌握复杂知识）
- 低外在负荷（集中注意核心任务）
- 高相关负荷（深度理解与应用）

专注关键知识点
减少无关干扰
增加主动参与和反思

图 5-1　高效学习与低效学习的区别

如何避免"装样子"学习？（1）设定具体目标，避免漫无目的。一次有效的学习始于清晰的目标。研究表明，明确的目标能够显著提升学习效率。比如，复习数学时，目标可以是"理解函数的应用场景并能够解决相关问题"，而不是模糊地"做完作业"。（2）聚焦核心内容，筛选关键信息。信息过载是现代学习者的共同困扰。面对成堆的学习材料，我们需要练习筛选关键信息的能力。以学习历史为例，与其记住每一个细节，不如抓住核心线索，如历史事件的因果关系和关键人物的决策逻辑。（3）实践+反馈：主动出击。在学习中实践是一种积极的认知活动，而反馈则帮助我们校正错误和优化策略。以写作训练为例，通过写作练习并主动寻求老师或同学的反馈，学习者可以快速发现思维盲点并加以改进。（4）利用费曼学习法，强化深度学习。费曼学习法的一大核心在于"教会别人"。试想，如果我们能够将一个复杂的物理公式用简单的语言向他人解释清楚，那我们对这一知识的理解就已经达到了较高水平。另外在学习"经济学的供需曲线"时，可以先引导学生回忆日常生活中的价格波动现象，例如水果在丰收季节价格下降。通过这样的关联，学生更容易将抽象的供需关系概念与实际生活联系起来。在这个过程中，我们既巩固了知识，又发现了潜在的不足之处。

学习是一个需要投入脑力的复杂过程，而不是一场表面的时间竞赛。学习者的大脑并不是一块空白的画布，而是一个充满既有观念的网络。要想实现理解，必须通过提问、联想等方式激活这些既有观念，使它们与新知识形成连接。通过摆脱"装样子"的学习陷阱，聚焦于深度思考与实践，我们才能真正将知识转化为能力。费曼学习法为这一过程提供了科学的指导，它提醒我们：学习并不是为了迎合外界的评价，而是为自己打开通往世界的多重可能性。正如心理学家卡罗尔·德韦克的"成长型思维"模式所言：失败和错误不是学习的终点，而是迈向更高认知水平的桥梁。用心学习，用脑学习，我们才能让每一分努力都落到实处。

5.1.2 如何跳出舒适区：从输入到输出

在学习过程中，很多人陷入一种常见的"舒适区陷阱"，即过度依赖输入式学习，却忽视了输出的重要性。这样的学习往往看似繁忙，实际上效率低下，甚至可能让人误以为"学会了"。然而，真正的学习效果，往往取决于从输入到输出的转化过程。只有跳出舒适区，将被动输入转化为主动输出，才能实现对知识的内化和运用。费曼学习法的核心就在于这一转化过程，它强调学习者以输出为导向，从而真正掌握所学内容。

舒适区的一个显著特征是，学习者沉浸于被动输入中，比如阅读大量书籍、观看学习视频、记忆课件笔记等。尽管这些活动让人觉得"我在学习"，但它们并不一定能真正有助于掌握知识。心理学家罗伯特·比约克提出的"可得性启发"（Availability Heuristic）解释了这种现象：当我们频繁接触某个信息时，会错误地认为自己对其掌握得很好。

输入型学习的弊端。学习是一个充满未知与挑战的过程，但许多人在学习中却常常陷入一种"输入迷幻"的状态。他们不断获取信息、整理笔记、刷题备考，表面看似努力，却无法取得预期的成果。这种现象背后的问题并非简单的时间分配不当，而是深藏在学习行为中的三个陷阱：短时记忆堆积、缺乏深度理解，以及对过度依赖外部资源（见图5-2）。

```
┌─────────────────────────────────────────────┐
│              输入型学习的弊端                │
│  ┌──────────┐  ┌──────────┐  ┌──────────┐  │
│  │过度依赖外│  │缺乏深度理│  │短时记忆堆│  │
│  │部资源    │  │解        │  │积        │  │
│  └────┬─────┘  └────┬─────┘  └────┬─────┘  │
└───────┼─────────────┼─────────────┼────────┘
        │             │             │
┌───────┼─────────────┼─────────────┼────────┐
│       ▼    表现     ▼             ▼        │
│  ┌──────────┐  ┌──────────┐  ┌──────────┐  │
│  │无限学习计│  │题海战术的│  │高亮笔记症│  │
│  │划的假象  │  │表面功夫  │  │候群的隐患│  │
│  └──────────┘  └──────────┘  └──────────┘  │
└─────────────────────────────────────────────┘
```

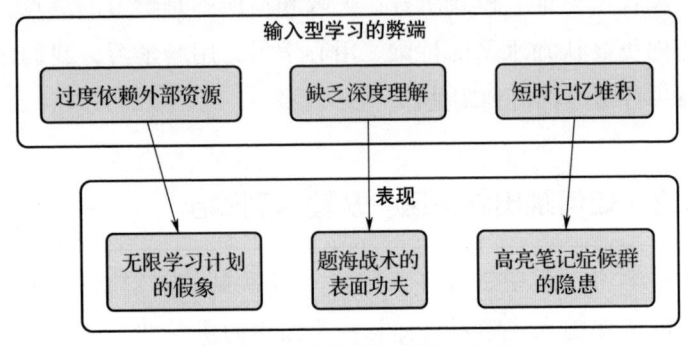

图5-2 输入型学习的弊端与表现

短时记忆堆积：高亮笔记症候群的隐患。 在学习的过程中，许多人养成了大量做笔记、用荧光笔标记重点知识的习惯。他们坚信，只要标记得够多，记忆便会更加牢固。然而，事实证明，这种行为更多是一种心理安慰，而非真正的学习。

短时记忆堆积是这种现象的根源所在。大脑在接收信息时，会优先将其存储在短时记忆中。如果没有经过深度加工或主动提取，这些信息很快就会被遗忘。荧光笔的作用仅仅是给大脑提供了一个视觉刺激，却没有激活大脑深层次的认知加工。学习者会误以为笔记越多、标记越多，理解就越深入，而实际上，他们只是满足于标记行为带来的"完成感"。这就是所谓的"高亮笔记症候群"。我记得自己上大学的时候会在每页书上用多种颜色标记关键词，甚至用荧光笔涂满整段文字，但当回顾笔记时，我却发现无法用自己的语言复述出核心内容，当然也无法对知识实现真正的理解。这种依赖短时记忆的方式，忽略了学习的关键步骤——对信息的主动整合与表达。有关研究表明，主动提取和复述才是将短时记忆转化为长时记忆的核心机制。因此，与其执着于视觉上的"完成感"，学习者更应关注如何通过复述与应用加深对知识的理解。

缺乏深度理解：题海战术的表面功夫。 除了高亮笔记症候群外，另一种常见的输入型迷幻表现是题海战术。在面对复杂知识时，许多人倾向于通过大量刷题来填补自己的不安感，认为只要练得足够多，就能掌握一切。然而，学习者运用题海战术往往只会停留在表面的熟悉阶段，而非真正理解知识的本质。这背后的问题在于缺乏深度理解。当学习者无法理解知识的内在逻辑时，他们更愿意选择通过重复练习来获得安全感。比如，一些学生在准备考试时，会不断重复练习已经熟悉的题目，而避开真正具有挑战性的题目。这种行为虽然能够在短期内提高某些题型的熟悉度，但并不能帮助他们应对新的问题情境。

过度依赖外部资源：无限学习计划的假象。 在当今信息爆炸的时代，我们拥有无限的资源可供选择。课程、书籍、视频、在线资料层出不穷，一些人甚至将下载新资源、报名新课程视为学习本身。他们不断扩展输入范围，却很少停下来整合已有知识。这种现象被称为"无限学习计划"。过度依赖外部资源的学习者，通常缺乏对内在知识网络的信心。他们总是试图用"更多的输入"来掩盖对已有知识的不确定感。例如，一些学生会一边下载大量PDF文献，一边担忧"万一漏掉了某个重要内容"。他们在学习中追求一种表面的"知识完整性"，却忽略了对知识的深入掌握与运用。这种无限学习计划背后的本质问题，是学习者对于知识输出的忽视。没有经过整合与提炼的输入，只会让大脑负担过重，导致知识点之间彼此孤立，难以形成系统化的认知结构。只有在主动输出的过程中，学习者才能真正发现自己的理解盲点，从而促进自己深度学习。

跳出舒适区：输出驱动的学习模式。输入型学习的弊端，归根结底在于学习者缺乏主动性。他们将学习的核心寄托于外在形式，却忽略了大脑作为学习主体的重要作用。无论是高亮笔记症候群、题海战术，还是无限学习计划，这些行为的本质都在于回避知识的深度加工和主动输出。

费曼学习法提供了一种破解这些表现的路径，它强调以输出为核心，通过主动复述和不断精炼知识结构来打破低效学习的循环。当学习者从机械输入转向主动输出时，他们不仅能够实现对知识更深层次的理解，还能够在过程中找到真正的成就感与学习乐趣。通过反思自己的学习行为，学习者可以逐步跳出舒适区，从"看起来在学"到"真正掌握"，最终实现从输入到输出的学习转型。这种转型，不仅表现为学习效率的提升，更是对自我成长的一种深刻探索。

什么是输出？输出是指学习者对所学知识的主动运用，它可以通过多种形式实现：

- **复述**：用自己的语言解释所学内容；
- **演示**：将知识转化为图表、流程图或模型；
- **教授**：向他人讲解内容，或者假设自己在教授；
- **应用**：将知识用于解决实际问题或完成任务。

输出如何促进学习？根据认知心理学的"生成效应"

(Generation Effect)，主动生成信息的学习者，其记忆效果远胜于被动接收者。例如，当我们用自己的话总结某个概念时，大脑会主动检索相关信息，并对其重新加工。这一过程不仅强化了记忆，还加深了理解。输出还可以触发"测试效应"（Testing Effect），即通过测试或模拟输出，学习者可以更有效地巩固知识。研究表明，与重复阅读相比，测试能够显著提高长时记忆的保持率。

5.1.3 从输入到输出的路径：费曼学习法的实践

费曼学习法以"尝试教授"别人为核心，它为从输入到输出的转化提供了一条高效路径。

1. 分步骤实现输出

（1）理解概念：建立基础理解

在这个阶段，学习者通过阅读、听课或观看视频等方式获取初始信息。然而，这仅仅是起点，而不是终点。

操作建议：

- 每次输入后，写下你能记住的要点，不依赖任何辅助材料；
- 尝试用三句话总结主题核心内容。

（2）简化重述：梳理核心逻辑

费曼学习法要求学习者用自己的语言将复杂的知识简化为易懂的表达。这个过程是对知识结构的梳理和理解的深化。

操作建议：

- 将一个复杂概念分解为几个关键点，使用简单的日常语言描述；
- 回答"为什么"和"如何"的问题，确保每一部分都有逻辑支撑。

（3）尝试教授：检测知识漏洞

输出的最直接方式是"教授"别人。假设面前坐着一名初学者，学习者需要用清晰的逻辑解释每一个知识点。在这个过程中，知识盲点会暴露出来。

操作建议：

- 向朋友或同学讲解一个主题，请对方提问以检验你的知识掌握情况；
- 如果无人可讲，可以录制视频或音频模拟教授。

（4）反思回顾：从失败中成长

输出过程中暴露的问题，正是学习的契机。通过反思回顾，学习者能够逐步弥补知识的薄弱环节，最终形成完整的知识网络。

操作建议：

- 针对发现的知识盲点，重新查阅相关资料并补充学习；
- 用新学到的内容更新自己的笔记或总结。

2.实现输入与输出的平衡：科学分配学习时间

为了有效跳出舒适区，学习者需要科学地分配输入与输出的时间。研究表明，最优的输入—输出比例通常是"70∶30"或"60∶40"，即在每次学习中，70%或60%的时间用于输入，30%或40%的时间用于输出。

（1）创建输入与输出的循环

- **输入—输出—反馈循环**：每次学习后，用10分钟复述所学内容，再用10分钟对复述内容进行反思和修正。
- **主题学习法**：针对一个主题，先用半天时间集中输入，然后用剩余时间通过输出进行巩固。

（2）小步递进，逐步扩大舒适区

我们可以通过将输出任务从简单到复杂逐步升级，逐渐扩大自己的舒适区。

- **初级阶段**：用一句话解释概念。
- **中级阶段**：写一篇总结或制图表达。
- **高级阶段**：教授、演讲或实践应用。

从输入到输出的转化是学习过程中的必经之路。跳出舒适区的关键在于勇敢面对盲点，将被动吸收转化为主动应用。通过费曼学习法的实践，我们不仅能增强对知识的掌握，还能培养解决问题的能力，最终实现从学习到成长的飞跃。在这个过程中，我们会逐渐感受到，真正的学习并非追求"看似努力"，而是用主动输出点燃智慧的火花。

5.2 记忆的真相：
如何用费曼学习法增强记忆力

记忆是学习的基石，它决定了知识能否从短期的"浮光掠影"变为长期的"根深蒂固"。尽管记忆在人类学习中扮演着核心角色，我们却常常因误解和不当方法而被忽视或滥用。传统的"重复记忆"方式虽然有助于信息的短期保存，但却难以支撑复杂知识的理解与应用。而费曼学习法，通过将记忆与理解深度结合，提供了一条通向高效记忆的路径。这一节将从科学视角出发，剖析记忆的本质与运作机制，深入探讨记忆的分层模型和信息编码、巩固与提取的关键环节。同时，结合费曼学习法的核心原则，让我们一起探究如何利用主动输出、知识关联和多感官参与来增强记忆力，真正实现"记得牢、用得好"。这不仅是对学习者记忆力提升的一种指导，更是重新认识记忆在学习中作用的一次启迪。

5.2.1 理解与记忆：双管齐下才会促进高效记忆

学习是一个复杂的过程，记忆和理解共同构成了其核心。但它们并非简单的堆叠关系，而更像一组复杂的"齿轮系统"：理解驱动记忆的深化，而记忆则为理解提供了必要的基础。要想真正掌握知识，既不能单靠机械记忆，又不能只是浅层理解。

理解与记忆的双重驱动，是高效学习的必经之路。

1. 理解：记忆的导航器

理解并不只是一个"搞懂概念"的单向过程，它是记忆的导航器，是信息进入长时记忆的"黄金钥匙"。没有理解的记忆，就像一艘漂浮在海上的小船，没有方向，也没有锚点。认知心理学研究表明，当信息能够被有意义地整合到已有的知识框架中时，记忆的效率和质量会显著提高。这也是为什么简单的重复背诵常常会失败，因为孤立的信息缺乏语义关联，很容易被大脑"丢弃"。比如，学习一个新的数学公式，如果只是单纯记住它的形式，可能很快就会遗忘；但如果能理解公式背后的推导逻辑，并将其与现实问题相结合，这个公式就会成为"有意义的信息块"，更加容易被记住。

2. 如何增强理解？

理解，并不是把一堆事实塞进脑袋，而是要在脑中搭建起一座桥，把孤立的信息变成一条有逻辑的路。这条路的两端，一边是"逻辑"，一边是"应用"。逻辑是你的指南针。比如你在学习一段历史事件，只记得"这年那人做了什么"是远远不够的。你要追问：为什么是那个人？为什么是那一年？是怎样的经济状况、政治环境、社会心态，共同把他推到了那一刻的中心？理解的本质，就是不停地问"为什么"。当你用因果链条、动机分析、背景推演去拆解历史时，那些年份和人名就不再是干巴巴的记忆，而是一个剧情丰满的剧本，你成了导演。而应用就是你的舞台。没有应用，理解就像没打开的礼物。比如你学了概率论，如果只是会计算彩票中奖的概率，那不过是"数学体操";可如果你用它来判断"为什么保险公司稳赚不赔",那一瞬间,你会发现知识突然长出了现实的触角,变得有血有肉。哪怕你是在分析"自己每天刷手机的时间分布",也能用统计学的方法看出哪些时间段最容易"沉迷"。你发现,原来自己也能做出"实验报告",知识就在你身上开了花。

理解真正的发生,是当你能用自己的语言讲出一个理论的来龙去脉,并把它安放进生活的土壤里。就像当年哥白尼提出日心说时,不是因为他记得地球和太阳的距离,而是因为他用"简洁性"这个逻辑标准重塑了整个宇宙的认知框架。又比如,《思考,快与慢》的作者丹尼尔·卡尼曼,正是通过生活中一个个日常决策的"应用场景",让认知偏误不再仅是心理学教科书里的术语,还是我们每个人都能体会的"啊,原来我也这样"的时刻。所以别再把"理解"当作一件枯燥的事,它其实是一场探险——你用逻辑的火把照亮迷雾,用应用的桥梁跨越抽象与现实之间的鸿沟。当你既能"讲清楚",又能"用得上",那一刻你才真正拥有了属于自己的知识。

3. 记忆:理解的催化剂

如果说理解是记忆的导航器,记忆则是理解的催化剂。理解为记忆提供了方向,而记忆则为理解积累了基础。没有记忆,理解就成了空中楼阁。试想一个没有足够知识储备的人,要理解复杂的科学原理几乎是不可能的。费曼学习法的成功秘诀之一就在于通过"不断巩固知识网络"来增强记忆,这种知识的循环往复,不仅巩固了记忆,还进一步深化了理解。比如,当你试图解释一个新学到的概念时,首先需要调用脑海中已有的相关知识。这个过程不仅是对记忆的检验，更是对理解深度的提升。

4. 如何强化记忆？

强化记忆，就像是在脑海里种下一棵树——光种下去还不够，你得时不时给它浇水、晒太阳，还得让它扎根到生活的土壤里，才能长得牢固而茂盛。大脑不是仓库，它更像个"活的系统"：信息不是费力堆进"系统"，而是需要你反复触碰、重新唤起，才能真正留下印记。

心理学家艾宾浩斯早就揭示了"遗忘曲线"的秘密：你今天学的东西，明天就可能忘掉一半。但幸运的是，人类也进化出了一种"对抗遗忘"的方法，那就是——**间隔重复（Spaced Repetition）法**和**主动回忆（Active Recall）法**。不是把书从头到尾再读一遍，而是在恰当的时候，把知识重新提取出来：闭上眼回想一个定义、尝试独立做一道旧题、用一些学过的新单词去发一条朋友圈……每一次主动调用，都是在脑中重新"加固地基"。而比这更高阶的记忆方式，是**把知识编织进真实生活**。当你学会一个新单词，不如试着把它放进一段你自己的故事；你记住一个经济学原理，不如用它来解释你爸妈为什么总爱囤纸巾；你掌握了一个公式，不如写一首诗调侃它在生活中的"用武之地"。当知识不仅活在脑中，还融进了你的语言、习惯和选择里，它就真的"扎根"了。换句话说，记忆不是把东西"装"进去，而是让它变成你的一部分。你不是在记一个知识点，而是在培养一种"随时能唤起它"的能力——这才是长久记忆的本质。费曼学习法强调"尝试教授"别人正是为了这一点：你用自己的话解释知识、编织例子、组织语言，不仅是在帮助别人理解，更是在用最深刻的方式强化你自己的记忆系统。

5. 理解与记忆的互动模型：从单向到双向

传统观点通常认为理解是记忆的前提，即"只有理解了，才能记住"。但实际上，理解和记忆之间并非单向关系，而是双向互动的。记忆并不只是理解的结果，它还能够反过来促进理解。这种双向互动可以用一个"螺旋上升"的模型来形容：记忆提供了基础，理解深化了记忆，而深化的记忆又进一步促进理解。随着这种循环不断进行，学习者能够在同一个主题上达到越来越高的认知水平。

6. 理解与记忆的障碍：为什么有些人学不进去？

尽管理解与记忆是学习的核心，但在实际中，很多人却在这两个环节上遇到了困难。典型问题包括：

- **浅层加工**：许多人只关注表面的信息，比如死记硬背定义或数据，而没有深入思考其意义；
- **认知负荷过高**：过多的信息输入，超出了大脑的处理能力，导致理解失败；
- **缺乏实践**：仅仅停留在输入阶段，没有通过输出检验自己的理解与记忆。

解决这些问题的关键在于**优化学习路径**。比如，在学习一门新课程时，可以先将内容分解为小模块，逐步理解并整合，而不是一次性学习过多内容。同时，通过定期的测验和主动输出，可以检验并强化自己的学习成果。

5.2.2　从理解到记忆的具体策略

在实际学习中，理解与记忆的结合可以通过以下策略来实现。

1. 费曼笔记法

费曼笔记法是指将复杂的概念用自己的语言解释并写下来。这个过程不仅能暴露知识盲点，还能将知识转化为长时记忆（见图5-3）。

费曼笔记法是一种通过分步骤学习与输出来掌握知识的学习方法，第一步是通过阅读书籍、听讲座或观察实践，获取新的知识。这一阶段的重点在于**主动学习**，而不是简单地记录听到或看到的内容。学习者需要带着"我要教别人"的心态，将关键概念提取出来，而不是陷入被动接受的状态。第二步是将学到的知识用自己的语言写下来。这一过程并不是机械地抄写，而是尝试以通俗易懂的方式解释知识，就好像你正在向一个完全不懂这个概念的人讲解。在写下每个知识点时，避免使用原文中的术语，而尽可能地用日常语言重新表达。通过这一环节你便能知晓自己对知识的理解程度——哪些部分掌握了，哪些还存在模糊和盲点。在面对盲点的时候，这时候需要做一些补充学习，并寻找相应的例子再次尝试解释，直到盲点被攻破。当知识点被自己二次解释以后，最后一步是将经过修正的知识

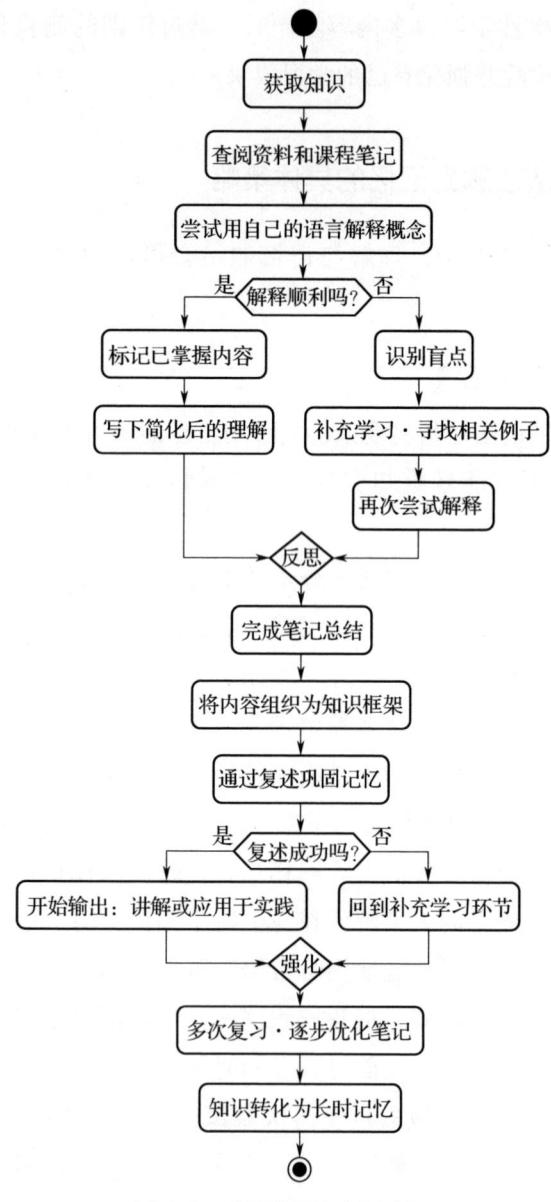

图5-3 费曼笔记法实操过程

进一步简化,并进行重复巩固。通过不断尝试向别人解释或回答问题,我们能够在输出的过程中加深记忆。这一步骤会促使知识从短时记忆转化为长时记忆,并形成稳固的知识网络。

2. 问题驱动学习

古希腊哲学家苏格拉底擅长用提问的方式引导学生思考,这种方法被称为"苏格拉底式对话"。通过不断提问,他让学生自己发现真理,而不是直接告诉他们答案。这种"提问—思考—发现"的过程,正是问题驱动学习(Problem-Based Learning,PBL)的精髓。问题驱动学习是一种以问题为核心的学习策略,它强调通过解决实际问题来激活知识的理解和记忆。这种方法不仅让学习过程更加生动有趣,还能让知识在实际应用中"生根发芽"。爱因斯坦曾说过:"提出一个问题往往比解决一个问题更重要。"他在思考"如果我能追上一束光,它会是什么样子"这个问题时,逐渐发展出了狭义相对论的理论框架。正是这个问题驱动了他的探索,最终改变了人类对宇宙的理解。我们可以把这种学习方式比作一场探险:问题是地图,知识是工具,而学习者是探险家。每一次解决问题的过程,都是一次对知识的深度挖掘和记忆的强化。

传统的学习方式往往是"先学后用",学习者先接受知识,再尝试应用。而问题驱动学习则反其道而行之,它通过提出一个具体的问题,激发学习者的好奇心和探索欲。比如,学习历史时,与其死记硬背某个事件的时间线,不如提出一个问题:"为什么罗马帝国会衰落?"这个问题会引导你去思考政治、经济、军事、文化等多方面的因素,从而将零散的知识点串联成一个有机的整体。问题驱动学习能够激活大脑中的记忆网络，因为它要求学习者将已有的知识与新问题联系起来。这种联系不仅加深了学习者对知识的理解，还让记忆更加牢固。认知心理学研究表明，记忆是通过"联想"来强化的。当我们把新知识与已有的知识联系起来时，记忆的效果会显著提升。问题驱动学习正是利用了这一点，通过问题将零散的知识点编织成一张紧密的"记忆网"。

3. 多感官协同：1+1>2的效果

你是否曾有这样的经历：读了一整页的教科书，却发现什么都没记住？或者听了一节课，感觉当时懂了，但回头再想，却一点印象都没有？这正是单一感官输入的局限性。当我们只用"看"或者"听"来学习时，信息往往只能停留在短时记忆中，缺乏深度加工，自然也就难以形成持久的记忆。

多感官学习提供了一种解决方案——通过调动视觉、听觉、触觉、运动觉甚至嗅觉等多种感官，让信息以更多维度的方式进入大脑，从而增强理解、巩固记忆。正如心理学家佩维奥（Paivio）提出的双重编码理论（Dual Coding Theory）所指出的，信息如果能同时以语言（听觉）和图像（视觉）的形式存储，记忆的效果会大幅提升。研究表明，相较于单一感官输入，多感官学习可以将记忆保持率提高50%以上。

（1）为什么多感官协同能提升记忆？——大脑的整合加工机制

大脑的不同区域负责处理不同类型的信息：

- 视觉信息（图像、颜色、形状）→ 由枕叶（视觉皮层）

处理；
- 听觉信息（声音、语调、节奏）→ 由颞叶（听觉皮层）处理；
- 触觉和运动信息（书写、操作）→ 由顶叶和小脑协同处理。

传统的学习方式往往依赖单一感官，比如阅读（仅用视觉）或听讲（仅用听觉）。然而，大脑是一个高度互联的系统，当多种感官协同参与时，不同脑区会建立更多的联结，信息的存储路径更加多样，记忆的稳定性也更强。这就像是在一个城市里修建多条通往同一个目的地的道路——无论哪条路堵塞，其他路径依然可以帮助我们找到目标。

（2）多感官学习的三大核心策略

要想充分利用多感官协同的优势，我们可以从以下三个方面入手：

1）视觉+听觉：让信息"可视化"

策略：配合图像、手绘、视频、思维导图，让听觉信息"看得见"。视觉是人类最主要的信息获取通道，大约80%的学习信息来自视觉输入。但单纯的文字信息往往难以形成长时记忆，因此结合视觉元素（图像、图表、视频）能极大增强理解力。例如：

- **用思维导图学习知识**：比起单纯的线性笔记，思维导图可以以结构化的方式呈现知识，使信息之间的联系更加清晰，提高回忆效率。

- **用图片记单词**：比如学习"Elephant"（大象），如果只看英文单词，你可能难以记住。但如果配上大象的图片，大脑会形成语言+图像的双重编码，记忆效果大大提升。
- **用手绘或图表整理信息**：手绘不仅能加深理解，还能提升知识的可视化表达。例如，在学习数学公式时，可以绘制几何图形，将抽象的公式转化为具体的形象。

2）听觉+运动觉：通过"做"和"讲"深化理解

策略：用朗读、教学、书写、身体律动等方式，让学习变得"可操作"。听觉和运动觉的结合能显著增强学习体验。相较于被动听讲，主动说出来、写出来甚至做出来，能帮助大脑更深刻地加工信息。

- **朗读学习法**：研究表明，朗读比默读更能促进记忆。原因在于，朗读结合了听觉（听到自己的声音）+运动觉（口腔肌肉的动作），刺激了大脑多个区域的活动。
- **费曼学习法的"教授他人"**：如果你能把一个复杂概念讲解得通俗易懂，说明你真正掌握了它。例如，在学习"牛顿三大定律"时，你可以假装自己是老师，用自己的语言给朋友讲解，这样大脑不仅要提取知识，还要组织和表达知识，这比被动听讲更能促进长时记忆。
- **书写增强记忆**：比起单纯打字，手写笔记能够更深地激活大脑的运动皮层，使记忆更加持久。建议使用间

> **间隔重复法**定期回顾笔记，让记忆得到巩固。

3）视觉+触觉：通过真实体验让知识"触手可及"

策略：利用实验、模型、情境模拟等方式，将抽象知识具象化。大脑在接收信息时，对有直接体验的内容更容易形成长时记忆。例如：

- **科学实验**：学习"浮力"时，单纯记住"阿基米德定律"很难，但如果亲手放一个物体到水中观察其浮沉现象，这种触觉体验能加深理解。
- **情境学习**：学习外语时，可以进行角色扮演，如模拟在咖啡馆点单，通过实际操作让语言学习更自然。
- **真实物体模型**：医学学习中，解剖模型比单纯的教科书更能帮助理解人体结构，因为它提供了**视觉+触觉+空间感**的多重刺激。

（3）如何在日常学习中实践多感官协同？

1）创建多感官学习环境

- 用**思维导图**整理知识点（视觉）。
- 用**朗读**或向他人讲解的方式复习（听觉+运动觉）。
- 用**实际操作**或实验来增强体验（触觉+运动觉）。

2）在不同场景中学习

- 在家朗读、在课堂上讨论、在真实环境中应用，形成**跨情境记忆**（Cross-Context Memory）。

3）结合费曼学习法

- 先用自己的话解释概念（语言+听觉）。
- 再画出简化图表（视觉+空间感知）。
- 然后教授他人（听觉+运动觉）。

大脑并不是一个"单线程"处理器，而是一个能够整合多重感官信息的"超级网络"。当你同时调动视觉、听觉、触觉、运动觉时，就相当于用多个角度去观察和体验知识，让记忆更加深刻且持久。这正是为什么"1+1>2"——当不同感官协同工作时，我们的学习效果会成倍提升。

如果你觉得自己的记忆力不好，不妨试试让学习"动"起来，让知识"看得见""听得见""做得出"，你会发现，记忆的世界会因此变得更加生动、有趣，也更加牢不可破。

5.2.3 黄金记忆法、系统学习法和自我分享法的结合

在记忆和学习的世界里，没有哪一种方法是万能的。真正高效的学习，不是单打独斗，而是整合不同方法，形成一个既科学又符合个人认知规律的体系。如果说"黄金记忆法"是帮助我们优化记忆的策略，那么"系统学习法"则是构建完整知识框架的关键，而"自我分享法"则是确保我们真正掌握知识并能够灵活运用的终极测试。当这三者结合起来，就像一座坚固的桥梁，帮助我们跨越短时记忆的浅滩，抵达深层理解与长时记忆的彼岸。

那么，这三种方法各自有什么独特之处？它们如何相互结

合，形成真正强大的学习体系？让我们一起来揭晓其中的奥秘。

1. 黄金记忆法：善用遗忘曲线，打造最优记忆周期

德国心理学家赫尔曼·艾宾浩斯（Hermann Ebbinghaus）在19世纪末提出了著名的遗忘曲线理论，他通过大量实验发现：人类在学习新知识后，遗忘速度并不是线性下降的，而是遵循指数衰减规律——刚学完的内容，如果不复习，会在20分钟后遗忘42%，1小时后遗忘56%，1天后遗忘67%。但是，这个遗忘规律并不是不可逆的，科学的复习策略可以有效延缓遗忘。这就是"黄金记忆法"的核心——利用间隔重复（Spaced Repetition）法和主动回忆（Active Recall）法最大化记忆效率。

策略1：间隔重复（Spaced Repetition）法。研究表明，这种间隔递增的复习方式比短时间内重复刷同样的内容更有效。因此不要等到完全遗忘才复习，而是在即将遗忘时及时强化。最经典的复习时间表是：

- 第一次复习：学习后的10分钟内快速回顾。
- 第二次复习：24小时后重新复习。
- 第三次复习：1周后再回顾。
- 第四次复习：1个月后再巩固。
- 第五次复习：3~6个月后回顾一次。

策略2：主动回忆（Active Recall）法。复习时，不要只是"看"或"读"，而要主动回忆。例如：

- 盖住书本，自己回忆要点。
- 自己出题测试自己，而不是直接看答案。

- 用白纸写下自己能记住的内容，然后对照教材查漏补缺。

2.系统学习法：建立知识网络，告别碎片化学习

许多人在学习时常遇到这样的问题：学了一堆零散的知识点，但当需要应用时却不知如何组织起来，甚至连基本的逻辑关系都厘不清。这正是碎片化学习的弊端——知识点彼此孤立，没有形成体系，自然难以理解和记忆。而系统学习（Systematic Learning）法就是为了解决这个问题。它强调构建知识框架，让每一个新知识点都能在已有知识体系中找到自己的位置。

策略1：建立思维导图（Mind Map）。比起线性笔记，思维导图可以把知识点可视化，帮助我们建立知识间的联系。例如，在学习"概率论"时，可以画出树状图，区分贝叶斯定理、条件概率、独立事件等不同概念，并标注它们的应用场景。

策略2：构建金字塔结构的知识体系。先掌握核心概念，再逐步学习细节和推论。例如，在学习经济学时，先弄清供需关系的基本原理，再深入理解价格弹性、市场均衡、垄断竞争等具体内容。

策略3：层次化学习（Top-Down Learning）。先了解整个知识领域的结构，然后再深入研究细节。例如，在学习人工智能时，不要直接研究某个深度学习算法，而是先理解AI的整体框架（机器学习、神经网络、计算机视觉等），再逐步深入某个具体技术。

策略 4：交替学习（Interleaved Learning）法。不要只学一个知识点，而要交替学习多个相关概念，形成更灵活的认知。例如，在学习数学时，可以交替练习代数、几何、概率统计，而不是一直重复练习同一种题型。

3. 自我分享法：学会讲，才能真正学会

"你能用自己的语言解释这个概念吗？"这个问题是费曼学习法的核心。很多时候，我们以为自己"懂了"，但一旦让我们讲出来，就会发现漏洞百出。因此，自我分享（Self-Sharing）法是检验我们是否真正掌握知识的最佳方式。

策略1：费曼技巧（Feynman Technique）——用简单语言解释复杂概念。

- 选择一个概念，用最简单的语言写下来，尽量让五年级的小学生也能听懂。
- 如果发现自己讲不通，说明你还没真正理解。

策略2：以教为学（Teach to Learn）。

- **假装自己是一名老师**，试着向朋友、家人或同学讲解某个知识点。

策略3：录制音频或视频，听自己讲解。

- 讲解某个知识点，然后录下来回听，看看自己是否逻辑清晰、表达流畅。

策略 4：在社交媒体或博客上写学习笔记。

● 把自己学到的知识用自己的话总结，发布到微博、微信公众号、博客等，形成"知识输出闭环"。

4. 黄金记忆法＋系统学习法＋自我分享法＝高效学习闭环

黄金记忆法、系统学习法、自我分享法，这三种方法并不是孤立的，而是可以互相结合，形成一个完整的学习闭环（见图5-4）：

```
       ┌─────────────────┐
       │   黄金记忆法    │── • 间隔重复法
   ┌──▶│ (提高记忆保持率,│   • 主动回忆法
   │   │    高效复习)    │
   │   └────────┬────────┘
   │            │ 记住知识点后
反馈改进        │ 需要系统组织
记忆策略        ▼
   │   ┌─────────────────┐
   │   │   系统学习法    │── • 思维导图      发现盲点
   │   │ (构建知识框架, │   • 金字塔结构    回到黄金记忆法
   │   │  避免碎片化学习)│   • 层次化学习    复习
   │   └────────┬────────┘   • 交替学习法
   │            │ 形成知识体系后
   │            │ 通过分享检验理解
   │            ▼
   │   ┌─────────────────┐
   │   │   自我分享法    │── • 费曼技巧
   └───│ (通过讲解验证理解│   • 以教为学
       │   并内化知识)   │   • 录制讲解
       └─────────────────┘   • 学习笔记
```

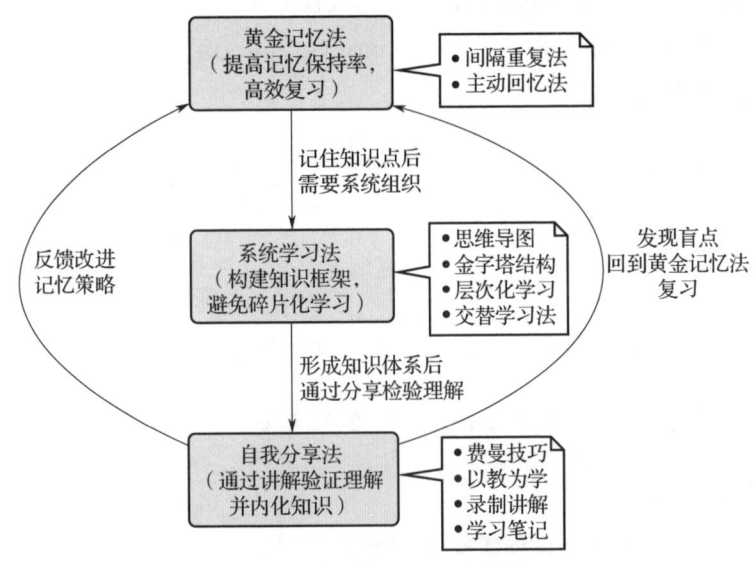

图5-4　高效学习闭环模型图

黄金记忆法 →提高记忆保持率，高效复习

系统学习法 →构建知识框架，避免碎片化学习

自我分享法 → 通过讲解验证理解并内化知识

这就像学习驾驶汽车：黄金记忆法让我们记住规则，系统学习法帮助我们理解驾驶技巧，自我分享法则是实际驾驶的过程，让我们真正掌握技能。当这三种方法有机结合，学习将不再是枯燥的背诵，而是一次真正的认知升级——让知识成为大脑的一部分，随时可以灵活调用！

第6章

情绪管理与专注力提升

你是否曾有过这样的经历：明明时间充足、任务明确，但就是无法专注学习？或者，你已经投入学习，但焦虑、烦躁、不安的情绪却让你的学习效率大打折扣？事实上，学习不仅仅是大脑处理信息的过程，它更是一种全身心的体验，情绪和专注力是其中不可忽视的关键变量。上一章深入探讨了如何通过科学的方法增强记忆力，让知识在大脑中扎根。然而，再高效的学习方法，如果缺乏情绪管理和专注力的支持，也难以发挥最大效果。毕竟，一个焦虑、压力大、注意力涣散的人，即使掌握了费曼学习法、黄金记忆法等先进技巧，也很难真正吸收和应用知识。因此，本章将聚焦于学习中的情绪管理与专注力提升，探讨如何调整心理状态、管理压力、训练专注力，从而让学习真正高效且可持续。

6.1 学习情绪管理的"法宝"

在学习的世界里,掌握高效的学习技巧固然重要,但如果无法管理情绪,知识的输入与输出的效果往往会大打折扣。焦虑、沮丧、拖延、害怕失败——这些负面情绪像是一个个无形的障碍,让许多学习者望而却步,甚至彻底放弃。然而,心理学研究表明,情绪不仅影响学习动机,还直接影响认知资源的分配。一个放松、自信、充满好奇心的人,远比一个焦虑、害怕犯错的人更容易高效学习。

那么,如何在学习过程中管理情绪,让它成为推动力,而非阻碍?本节将介绍几个有效的情绪管理策略,帮助你在学习中保持积极的心理状态,提高专注力和培养耐心。其中,游戏化学习思维便是一种简单而有效的方法,能够帮助我们减少压力和失败的恐惧感,并让学习变得更有趣、更加可持续。

6.1.1 学习如何"玩得起":用游戏化心态减少压力

费曼这位诺贝尔物理学奖得主,不仅以卓越的物理学研究闻名,还因其幽默风趣、极具创造力的学习方法而备受推崇。他曾在一次采访中提到:"我一直把自己当成一个小孩子,带着好奇心去探索世界,而不是死记硬背。"他还说过:"如果你无法把它讲得简单明了,那就说明你还没有真正理解它。"这正是费曼学习法的核心之一——将知识拆解成简单的概念,并用自己的方式重新表达出来。但许多人忽略了一点:费曼不仅强调理解和表达,还在他的学习方法中强调一个极为重要的心态——游戏化学习。他始终保持着探索世界的"玩心",让学习变成一种乐趣,而不是一项枯燥的任务。

什么是"游戏化心态"? 游戏化心态(Gamification Mindset)就是**用游戏玩家的思维方式来看待学习过程**。在游戏里,我们不会因为"输了几局"而沮丧放弃,而是会继续尝试,找到新的策略,最终通关。在学习中,如果我们能用同样的态度,把学习看作一场有趣的挑战,而不是沉重的负担,就能减少焦虑,具备坚持下去的动力。具体来说,游戏化学习有以下几个核心特征:

- **可视化进度**:游戏总是会清楚地告诉玩家他们处于哪个阶段,距离目标还有多远。在学习中,我们也可以设定**可视化目标**,比如使用学习打卡、进度条或奖励机制,让自己更容易看到自己的进步。
- **即时反馈**:游戏里的每一次操作都会得到即时反馈,例如得分、升级或失败提示。这种反馈可以增强学习者的掌控感,避免因为没有方向感而失去学习动力。在学习中,我们可以通过自测、做题或教学相长的方式来获得即时反馈,提高学习效率。
- **挑战与奖励**:游戏总是充满挑战的,但又不会让玩家感到不可能完成——它们的难度总是恰到好处。在学

> 习中，我们可以调整挑战的难度，比如先学习80%熟悉的知识，再逐步学习新知识，让自己始终处于"有挑战但不至于崩溃"的状态。
> - 社交互动：许多游戏是多人协作的，社交互动可以提升玩家的参与度和成就感。在学习中，我们也可以运用类似的策略，比如加入学习小组、利用线上学习社区或找一位学习伙伴，互相激励、共同进步。

费曼在自传《别闹了，费曼先生！》（Surely You're Joking, Mr. Feynman!）中，讲述了自己如何通过游戏的方式挑战数学难题。他会给自己设定"解谜任务"，试图用不同的方法解出同一道题，甚至把数学当成"脑力游戏"来挑战朋友。他认为："如果你不觉得学习有趣，你就不会真的学到东西。"那么，我们如何像费曼一样，把学习变成一场有趣的"游戏"，减少压力，提高学习效率呢？

游戏化学习的核心：用费曼的方法"玩"知识。如果我们将学习比作一款游戏，那么我们就能发现其中的几个关键要素：

> - 任务目标：游戏中每个关卡都有明确的目标，学习也应该如此。费曼会把学习任务拆分成一个个"小挑战"，比如某天只专注于理解一个公式，而不是整个章节内容。
> - 探索与尝试：在游戏中，失败只是探索的一部分，玩家会不断尝试新策略。费曼鼓励"试错式学习"，他认为"如果你不曾犯错，你就不会真正进步"。

- 即时反馈：游戏的魅力在于即时反馈，比如得分、升级等。在学习中，我们也可以通过做小测试、讲解知识给别人来获得反馈。
- 好奇驱动：费曼总是用"为什么"来驱动自己的学习。他不会满足于表面答案，而是不断追问，直到找到最直观的解释。

设定"闯关"模式，让知识变成挑战。费曼从来不把学习当成一项沉重的任务，而是像玩游戏一样给自己设定一个个"关卡"，用挑战的方式激发学习动力。例如，他曾经尝试在30秒内心算一道复杂的物理题，或者在短时间内向陌生人讲解某个科学概念。这些挑战不仅让他在高压环境下提升了思维敏捷度，还增强了其学习的趣味性。

● 小试牛刀 ●

把一个知识点拆解成几个不同的"难度关卡"，比如：
- **入门关**：用最简单的语言解释概念。
- **应用关**：用概念解答一个简单的例题。
- **大师关**：在完全不同的领域中应用这个概念。

设定"挑战时间"，例如给自己10分钟学习一个概念，然后尝试用自己的话复述出来。

"角色扮演"学习法，让自己成为知识的主人。在游戏中，我们常常扮演不同的角色，比如侦探、战士或工程师，而费曼的学习方法中也包含了一种"角色扮演"策略。例如，他会在心里假设自己是某个领域的专家,然后试图以该专家的视角去理解问题。再如,他会假装自己是一个初学者,向自己提问,并尝试用最直白的方式回答。

> **· 小试牛刀 ·**
>
> - 试着成为某个知识领域的"讲解员",给朋友、家人或镜子里的自己讲解新学到的知识。
> - 用不同的角色来学习:今天你是一个数学家,明天你是一个历史学家,用不同的角度去看待同一个问题。
> - 费曼常说:"如果你能向一个六岁小孩解释你的知识,你就真正掌握了它。"不妨试试向身边的小朋友解释某个知识点。

失败不是终点,而是"复活机会"。在游戏里,玩家总是会失败,但这不会影响他们继续挑战。**费曼的学习方法也强调"失败即成长"**,他从来不会害怕犯错,而是会利用错误来改进自己的理解。

> **· 小试牛刀 ·**
>
> - 在学习时,不要害怕做错题,而是把每个错误当成"复活机会",找出错误发生的原因,并在下一轮"挑战"中改进。
> - 记录自己每次犯错的类型,并用不同的方式来修正它,比如尝试用新的方法解题或请别人帮忙解释。
> - 设定一个"错误奖励机制",比如每次发现一个自己之前没注意到的错误,就奖励自己一小段的休息时间。

如果把学习当作一场游戏，而不是一场压力测试，我们就能从"害怕失败"变成"勇于挑战"，从"低效刷题"变成"主动探索"。真正的高手，不是那些从来不失败的人，而是那些"玩得起"、能在失败中成长的人。只要掌握游戏化学习的策略，我们就能让学习过程变得更加轻松、高效，并且能够真正坚持下去，享受知识带来的乐趣。

费曼的成功并不仅仅是因为他的聪明才智，更因为他从来不把学习当作一件枯燥无味的事，而是在学习中充满了探索精神和游戏化思维。他像孩子一样保持好奇，把每一次学习变成一次新的挑战，而不是一场必须完美完成的任务。如果我们也能用"玩得起"的心态去学习，不害怕犯错，不给自己太大压力，而是像玩游戏一样一步步探索，那么知识的获取过程就会变得更轻松、更高效，也更有趣。

正如费曼所说："你不必假装自己知道一切。承认自己的无知，并乐于探索，你才能真正学到东西。"

6.1.2 找回专注力：费曼学习法帮你控制情绪

在当今信息爆炸的时代，我们的专注力正变得越来越稀缺。手机的推送通知、社交媒体的即时满足、碎片化的信息流——这些外部刺激让我们的大脑变得焦躁不安，难以长时间集中注意力。而更让人困扰的是，当我们分心以致学习效率低下时，焦虑感便会随之增加，形成一个恶性循环。那么，该如何在嘈杂的世界里找回专注力，并且管理好因学习压力带来的情绪波动呢？费曼学习法给了我们一条消除焦虑、提升专注力的思维路径。

费曼的"深度专注法"：一切从好奇心开始。费曼不仅是物理学界的天才，还是极具专注力的学习者。与许多人不同，他从来不强迫自己去"集中注意力"，相反，他用好奇心驱动专注力。他在回忆自己研究量子电动力学的经历时说："我不会逼自己去学某个东西，我只是对它感到好奇，然后自然地沉浸其中。"

费曼的做法让我们意识到，专注并不是靠意志力强行维持的，而是需要找到我们内在的兴趣点，让大脑自然而然地投入其中。如果你发现自己在学习时很容易分心，可能不是因为你自制力差，而是你还没有找到那个让你真正感兴趣的"切入点"。

● 小试牛刀 ●

- **用"为什么"引导自己进行深度思考**：费曼在学习时喜欢不断自问"为什么"，例如他不会仅仅接受"光是一种电磁波"这个事实，而是会追问"为什么光是电磁波？它和其他波动有什么区别？如果我生活在1000年前，我会如何解释这个现象？"。这种习惯能快速激发大脑的求知欲，让自己进入沉浸式学习状态。
- **找到个人兴趣点**：在学习一个新知识时，试着将它与自己感兴趣的领域联系起来。

费曼的"笔记清空法"：减少信息过载，缓解焦虑。现代学习者面临的一个巨大问题是**信息过载**。当我们不断地输入新知识，却没有时间去整理和内化时，大脑就会变得混乱，产生焦虑感。这种焦虑感往往会让我们陷入"低效学习"的状态——看似一直在学,但实际上只是被动接收信息,没有真正掌握任何东西。

费曼在学习时有一个重要的习惯:定期"清空"自己的笔记,也就是用最简单的方式重新整理知识,确保自己真正理解了它,而不是仅仅记住了一堆概念。他认为:"如果你无法把它讲得简单明了,那就说明你还没有真正理解它。"

· 小试牛刀 ·

- 每天花5分钟写"极简笔记":试着用一句话总结当天学到的核心知识,避免罗列过多细节,重点关注"我真正理解了什么"。
- 用自己的话重述知识:如果发现自己只能机械地复述书本上的定义,而无法用自己的语言解释,那说明你还没有真正消化这部分内容。这个时候,就需要回头重新学习。
- 用对话的方式"清理"大脑:找一个朋友解释知识或者直接对着镜子自问自答。例如:"什么是微积分?"如果你无法用简单的方式解释,那说明你的理解还不够深入。

费曼的"时间隔离法":避免情绪化学习,提升专注力。许多人在学习时会遇到这样的困境:本来打算认真学习,却因为一条信息、一次负面情绪波动,导致整天状态崩溃,无法进入高效学习模式。

费曼学习法之一是"时间隔离法"——在学习的时间里,不允许任何其他事情干扰自己。他曾说过:"当我在思考物理问题时，我的世界里只有这些问题，其他任何事都不存在。"他并不是天生就能做到这一点，而是通过刻意练习，培养了一种"主动屏蔽外界干扰"的能力。

● 小试牛刀 ●

- 设定专注时间块（Focus Time Block）：比如每天固定30~50分钟不看手机、不回复消息，只专注于某一个学习任务。
- 用"学习仪式"进入状态：费曼在进入深度学习模式之前，会有一系列"启动仪式"，比如画图、在黑板上写公式等。这些行为就像"心理开关"，帮助大脑迅速进入学习模式。你也可以设定自己的学习仪式，比如听特定的背景音乐、使用特定的笔记本等。
- 避免"情绪化学习"：很多人会因为心情不好就拖延学习，但费曼的做法是"把学习当作逃离情绪的避难所"。当你感到焦虑或不安时，不妨试着专注于某个知识点，把注意力从情绪转移到学习上，反而能让自己更快地冷静下来。

费曼的"情绪调节策略"：用幽默和轻松的心态面对挑战。费曼的学习生涯并非一帆风顺，他在攻读博士学位期间，也曾因研究陷入瓶颈而感到焦虑。但不同于许多人会被焦虑拖垮，费曼的做法是用幽默和轻松的心态去面对学习中的困难。他曾在日记中写道："如果你一直很严肃地学习，你很快就会失去动力。所以，为什么不让自己开心一点？"

小试牛刀

- **用幽默的方式学习**：如果一个知识点让你觉得难懂，不妨用夸张、搞笑的方式去理解它。比如，把复杂的数学概念比作一场"烧脑侦探案"，用漫画或涂鸦来解释知识点。
- **不要害怕"搞砸"**：费曼从不害怕在学习中犯错，他认为"犯错是探索的一部分"。如果你在学习中感到焦虑，不妨换个角度，把每一次失败都当成"游戏中的一次挑战"，而不是一场考试的失败。

费曼的学习方法不仅仅是技巧，更是一种心态——用好奇心驱动专注力，用简单的方法减少信息焦虑，并且以幽默和游戏化思维面对挑战。如果你常常因为焦虑而难以集中注意力，不妨试试他的策略：

- 用"好奇心"激发专注力，而不是强迫自己学习。
- 用"笔记清空法"减少信息过载，让大脑更轻松。
- 设定"专注时间块"隔离干扰，建立学习的心理开关。
- 用幽默的心态面对学习中的困难，让自己"玩得起"。

当你真正掌握了这些方法，你会发现，学习不再充满压力，而是一个可以自由探索、充满乐趣的过程。而费曼的智慧，也将成为你面对学习挑战的最佳"情绪管理法宝"。

6.2 专注力训练：沉浸式学习的诀窍

在这个注意力稀缺的时代，我们的学习常常被各种外部干扰打断：手机消息的震动、短视频的吸引、社交媒体的诱惑，甚至是自己内心的焦虑与杂念。很多时候，我们并不是不想专注，而是被无数信息和琐事牵扯，难以进入深度学习状态。心理学家米哈里·契克森米哈赖（Mihaly Csikszentmihalyi）提出的"心流"（Flow）理论表明，当人们完全沉浸于某项任务中时，会进入一种高度专注、忘记时间流逝的最佳学习状态。而沉浸式学习（Immersive Learning），正是基于这一理念，强调创造一个让自己能够深度投入学习的环境和习惯，以达到高效学习的目的。但真正的沉浸式学习并不是一蹴而就的，它需要**技巧、训练和心态调整**。幸运的是，费曼在他的学习生涯中，探索并践行了一系列专注力训练的方法。他不仅能在复杂的物理问题中长时间保持高度专注，还能用轻松幽默的方式，让自己享受学习的过程。

那么，费曼是如何在充满干扰的环境中保持高度专注的？他的策略有哪些具体的实践技巧？在接下来的部分，我们将深入探讨他的专注力训练方法，帮助你克服分心，真正进入沉浸式学习的状态。

6.2.1 费曼的专注力秘诀：如何创造"信息屏蔽场"

费曼在学习和研究时，有一个重要的习惯：构建"信息屏蔽场"（Information Shielding Field），也就是有意识地屏蔽外界干扰，让自己沉浸在当前的学习任务中。这一策略与现代心理学中的"认知控制"（Cognitive Control）概念不谋而合。

在费曼的自传《你干嘛在乎别人怎么想？》（*What do you care what other people think?*）中，他提到自己在嘈杂的环境中也能保持高度专注。例如，在嘈杂的咖啡馆或学生宿舍，他依然能沉浸在自己的思考世界里，完全屏蔽外界的干扰。这种能力并非天生，而是经过长期训练得来的。

如何训练自己的"信息屏蔽场"？

选择固定的"沉浸学习区"。心理学研究表明，人们对环境的认知与大脑的专注状态密切相关。费曼习惯在特定的地方进行深度思考，比如实验室、书房，甚至一个固定的咖啡馆座位。你可以尝试设定一个专门的学习区域，减少环境变动带来的干扰。

用"心理隔离"屏蔽外界。费曼在学习时，经常戴上一副耳塞，或者干脆"假装"周围的一切都不存在。他会进入自己的思考空间，把注意力完全锁定在问题本身，而不受外界的噪声干扰。如果你容易被外界干扰，可以使用耳机播放白噪声，又或者，试试被无数高效能人士奉为时间管理神器的"番茄工作法"。它的核心很简单——专注25分钟，休息5分钟，每完成四个"番茄"。就奖励自己一次更长的休息。这听起来像个厨房定时器的操作方式，其实背后藏着心理学的智慧——人类的注意力是有极限的，番茄工作法正是利用短时高效的专注区间，避免让你感到疲劳积累，同时让你在固定时间里全力以赴，不留"刷会儿手机"的借口。用手机或计算机安装一个"番茄钟"应用，按下"开始"按钮，那25分钟就只属于你和你要解决的问题了。在这样规律而富有节奏的时间框架中，注意力会被轻轻拽回正轨，你不再被环境牵着走。

设定明确的目标。 专注力的最大敌人是"无目的学习"。费曼总是以"我要弄懂这个概念"为目标，而不是随意浏览书籍。当你的学习目标足够明确时，大脑会自动降低对外界干扰的敏感度。

费曼的"主动思维法"：让大脑忙起来，没时间分心。 人之所以会分心，往往是因为大脑处于被动接受信息的状态，而不是主动加工信息。费曼强调"学习是一个主动思考的过程，而不是单纯地阅读和听讲"。当你让大脑主动运作时，分心的概率就会大大降低。

费曼在学习新知识时，喜欢用"自问自答"的方式来提升专注力。他不会被动地读一遍教材，而是会不断向自己提问：

- 这个概念到底是什么意思？
- 我能用自己的话解释它吗？
- 如果我想将这个概念向一个小学生解释清楚，我会怎么讲？
- 这个知识点与其他内容有什么关联？

这与现代心理学中的"生成效应"高度契合——当学习者主动生成信息，而不是被动接受时，记忆效果和专注力都会大幅提高。

如何在学习中应用?

- 边学边问自己问题：不要只是机械地看书，而是像费曼一样，把自己当成老师，不断自问自答。
- 用纸笔记录思考过程：大脑在思考时很容易飘忽不定，而用手写的方式能强迫自己聚焦。
- 尝试"假装教学"：如果你能把学到的内容清楚地讲给别人听，说明你真的理解了。

如何利用费曼学习法克服"注意力漂移"？即使是费曼这样的大师，也会有注意力漂移的时候。那么，他是如何快速调整状态，回到专注模式的呢？

许多人在学习时，一旦发现自己分心，就会陷入自责和焦虑之中，反而更加无法专注。费曼的态度则更加轻松：接受分心的存在，但学会迅速调整回来。

如何快速恢复注意力？

- 使用"费曼笔记法"：一旦意识到自己走神，可以立刻在笔记本上写下"我刚才在想什么，"然后重新回到学习内容。
- 设定"检查点"：每隔20分钟检查一次自己的注意力状态，比如在笔记本上画个小符号，提醒自己是否还在集中注意力。
- 应用"费曼三步法"：
  发现自己分心（意识到大脑开始胡思乱想）。
  不责备自己（接受它，而不是对抗它）。

> 主动回到学习内容（重新审视学习目标）。

在这个充满干扰的时代，**专注力是一种竞争力**。如果你能掌握费曼的专注力训练方法，你不仅能提升学习效率，还能在信息爆炸的世界里，找到属于自己的沉浸式学习节奏。培养专注力并不是一蹴而就的，它需要持续的训练和实践。费曼之所以能在学习和研究中保持高效专注，不是因为他天生"不会分心"，而是他掌握了一套科学的方法，并不断强化这些习惯。

● 小试牛刀 ●

如何每天训练费曼式专注力？

1. 设定一个专属的学习空间，尽可能地减少环境干扰。
2. 每次学习前设定清晰的目标，避免随意阅读和被动学习。
3. 使用"自问自答"策略，让大脑始终处于主动思考模式。
4. 接受分心的存在，但学会快速调整，使用笔记法和检查点技巧重新集中注意力。
5. 将学习变成"自我讲解"的过程，通过费曼学习法强化理解和记忆。

6.2.2 提升专注力的"四个好习惯"

费曼学习法告诉我们，真正的理解和记忆离不开专注力，只有当大脑进入高度专注的状态，我们才能高效学习、深入思考,并真正掌握知识。那么,如何提升专注力?本小节将介绍四个科学的好习惯,帮助你逐步提升专注力,实现深度学习。

习惯一:设置"专注区间"——培养固定的专注时间块。大脑的专注力并非无限,而是需要合理规划与训练才能提高。科学研究表明,**人类的大脑每次只能保持 25~50 分钟的高效专注**,如果时间过长,注意力容易涣散。因此,我们可以借鉴前面提到的**番茄工作法**的理念,结合费曼学习法,建立"专注区间",即每天安排固定时间段进行高度专注的学习。

如何设定专注区间?

- 制定学习时间块:每天固定安排2~3个45~90分钟的高专注时间段,并严格执行。
- 减少外部干扰:关闭手机通知,使用"请勿打扰"模式,减少无关社交活动。
- 设定专注目标:在开始学习前,明确自己要完成的具体任务,而不是"随便学点东西"。
- 使用时间倒计时:可以使用番茄钟或计时器,让自己意识到学习的时间紧迫性。

费曼视角下的专注训练:我如何学会屏蔽干扰。费曼在进行科研时,能够进入一种极度专注的状态,他甚至可以屏蔽周围的所有干扰,完全沉浸在问题的推理过程中。他曾在普林斯顿大学的办公室门上贴了一张纸条,写着"请勿打扰,我在思考问题"。这不仅是一句玩笑,更是他高度专注的写照。他强调:"专注力不是天生的,而是通过有意识的训练培养的。"于我自身而言,我对这种"屏蔽一切的专注状态"并不陌生。还记得在日本攻读博士学位时，我经常独自坐在大学的图书馆里，面对浩如烟海的文献和论文，尝试厘清思路、提炼观点。刚开始时，我总是忍不住去刷手机、看看邮件，或者思考接下来要做的其他事情。但很快我意识到，这样的状态让我很难真正进入深度学习。我决定模仿费曼的方法，给自己制定严格的专注规则：**每天设定固定的深度思考时间**，关闭手机，戴上降噪耳机，让自己全身心投入到研究中。最初，这种"强迫自己专注"的做法让我有些焦虑，甚至觉得时间过得异常缓慢。但随着练习的深入，我逐渐发现，当我沉浸在某个研究问题时，时间仿佛流逝得更快，我的大脑开始自动屏蔽外界干扰，进入一种"心流"状态。那一刻，我的思维是清晰的，逻辑是流畅的，灵感仿佛不断涌现。

费曼在回忆自己的研究过程时，也描述过类似的体验。他在研究量子电动力学时，经常沉浸在计算和推导中，甚至在吃饭、散步时也在思考问题。他的专注力之强，以至于可以在嘈杂的酒吧里写下复杂的数学推导，完全无视周围的喧嚣。他曾说："当你真正进入研究的世界时，外界的一切都变得模糊不清。你和你的思考，就像一体的存在。"过往的经历让我深刻体会到，如果我们能养成在固定时间段进行深入思考的习惯，专注力就会逐渐提升，并在关键时刻进入"心流"状态。这不仅适用于科研，还适用于任何需要高度专注的学习或工作任务。专注力就像肌肉，需要训练和锻炼，只有不断地挑战自己的注意力极限，我们才能真正掌握"屏蔽干扰、沉浸思考"的能力。

如今，我依然保持着这种专注训练的习惯：**每天清晨的第一个小时，我会完全专注于阅读和写作**；在指导学生时，我也鼓励他们进行"无干扰学习"训练,让自己沉浸在学术思考的世界中。我相信,掌握了这一点,就能在现代信息过载的时代里,依然具备深度学习的能力,真正实现费曼所说的"完全沉浸在知识之中"。

习惯二:培养"深度工作模式"——减少多任务处理,训练单线程思维。在现代社会,多任务(Multitasking)处理被许多人视为一种高效的工作方式,但**大量研究表明,多任务处理实际上会严重损害专注力**。这是因为大脑并不能真正"同时"处理多项任务,而是**在不同任务之间快速切换**,每次切换都会产生"认知负荷",导致效率下降,并增加精神疲劳。

如何训练单线程思维?

- **一次只专注于一个任务**:学习时避免"边听音乐边做笔记""边回消息边写论文"等分心行为。
- **遵循费曼单点突破法**:集中精力解决一个核心难点,不被其他信息干扰。
- **减少信息输入的干扰**:不同时阅读多本书,不同时观看多个课程,先完成一个目标再完成下一个目标。
- **使用"深度模式"学习**:给自己规定一段时间(如60分钟),专注于学习一个知识点,不允许做其他事情。

费曼的"单线程学习"策略。费曼坚信,如果想真正理解一个概念,就必须让大脑完全沉浸其中,不被外界干扰。在研究量子电动力学时,他会整整几个小时,甚至一整天都专注于推导数学公式,完全屏蔽外界信息。这种"单线程学习"策略,帮助他极大地提升了学习和研究的效率,也让他最终赢得了诺贝尔物理学奖。

听起来很厉害，对吧？但你可能会想："费曼是天才，他当然能专注啊，我可不行。"别急，我以前也这么想，直到我真正尝试了一次他的单线程学习法。

你真的"学进去"了吗？——碎片化学习的陷阱。 在现代社会，我们的学习方式越来越"碎片化"——听播客学英语、刷短视频学历史、同时开着好几个网页查资料……我们误以为自己"学了很多"，但其实，我们的大脑并没有真正消化这些知识。

你是否有过这样的经历？

- 在自习室坐了3个小时，翻了20页书，但合上书本后，脑子里几乎没留下任何东西。
- 看了一整天的网课，觉得自己"收获满满"，但当朋友问你学了什么时，却讲不清楚。
- 在刷题时，发现自己遇到的每道题都似曾相识，但就是记不住解题思路。

这种学习方式，看似高效，实则低效。我们的大脑在"同时处理"多个信息流时，无法真正深入地理解和记忆每一个知识点。那该怎么办呢？费曼的"单线程学习"策略，或许正是解药。

费曼的方法很简单：一次只处理一个问题，直到完全掌握为止。这听起来有些"反直觉"，毕竟，我们从小就被教育要"多线程学习"——同时复习多门科目、边做作业边听歌、边查资料边回消息……然而，费曼告诉我们，**真正的深度学习，只有当你排除一切干扰，专注于一个知识点时，才会发生。**

我决定用这个方法来测试自己的学习效果，并在不同场景下进行尝试。我曾经尝试过各种背单词的方法——艾宾浩斯记忆曲线、单词卡片、听力输入……但无论哪种方法，我记单词总是记得快，忘得更快。后来，我用费曼的单线程学习策略做了一个实验：**每天只背10个单词，但每个单词必须用自己的话解释，并且用它造3个不同的句子。**

结果令人震惊，过去我每天背100个单词，第二天只能记住不到10个，而用费曼的方法，一周后，我依然能准确记住所有单词的意思、用法，甚至能脱口而出几个例句。这让我意识到，"记住"不等于"学会"，真正的学习是通过深入理解和实际运用来巩固的。

读博期间，我经常被论文写作折磨得头疼。每次打开计算机，写了两行就忍不住去查资料，查着查着又开始刷微信，结果一天过去了，论文只多了几句话。后来，我采用了费曼的策略，给自己设定"90分钟专注写作时间"——在这90分钟里，只允许自己写，不查资料，不改错别字，不分心去看其他内容。效果立竿见影：短短几周，我的写作速度提高了一倍以上，思路也变得更加流畅。真正的"学术突破"往往发生在全神贯注的状态下，而不是被各种干扰分散注意力的过程中。

费曼的单线程学习策略适用于任何需要深度思考的学习任务。如果你也想提升学习效率，不妨尝试以下方法：

- 设定"专注时间块"——每天至少安排一个90分钟的深度学习时间，不做任何与目标无关的事情。
- 用自己的话解释知识——学习一个新概念后，不要只是记住，而是尝试用自己的语言向别人讲解。

- **减少多任务处理**——避免边学习边刷手机、边听课边回消息，让自己完全沉浸在当前的任务中。
- **坚持"一个阶段解决一个问题"**——比如，写论文时，先专注写作，等写完一部分再去查资料和修改。

费曼的单线程学习策略，让我彻底摆脱了"学了很多，却记不住"的困境。在当今信息爆炸的时代，我们每天都在被各种琐碎信息冲击，而真正能让我们进步的，不是"学了多少"，而是是否真正深入理解并掌握了所学知识。

如果你也曾被低效学习困扰，不妨试试费曼的方法——一次只学一件事，把它学透！

习惯三：构建"专注触发器"——用环境和仪式感强化专注状态。我们的大脑习惯于通过环境和仪式来建立行为模式，如果每次进入相同的环境，就自然会产生专注的感觉。因此，构建"专注触发器"是提高注意力的一个重要策略。

如何创建"专注触发器"？

- **固定学习场所**：选择一个特定的位置（如图书馆、书桌等），只在这个地方学习，形成专注习惯。
- **学习仪式感**：在学习前，做一件固定的事情（如泡杯咖啡、戴上耳机、整理书桌），让大脑进入"学习模式"。
- **环境布置法**：减少桌面上的无关物品，让学习区域只包含书本、笔记和计算机，避免视觉干扰。
- **费曼学习空间**：在白板或纸张上列出要研究的问题，像物理学家一样，把思考过程写下来，强化专注状态。

费曼的"专注触发"策略。费曼在学习时，会使用笔记本、草稿纸和黑板来整理自己的思维，这不仅帮助他深入理解知识，还让他更容易进入专注状态。他甚至喜欢在酒吧的纸巾上推导数学公式，因为这个动作本身就能"触发"他进入思考模式。

习惯四：调整作息，提高大脑的专注力基础。如果我们的作息紊乱，睡眠不足，即使再努力训练专注力，也难以维持长时间的注意力。因此，**保持健康的生活习惯是提升专注力的根本保障**。费曼虽然以幽默和好奇心著称，但他对作息也有严格要求。他喜欢**在早晨进行最困难的数学推导**，因为此时是他一天中思维最活跃的时间。他还经常去跳探戈舞，以此来释放压力，并提高大脑的灵活性。

• 小试牛刀 •

如何优化作息，提高专注力？

- **保持规律作息**：每天保证7~8小时高质量睡眠，避免熬夜导致的专注力下降。
- **调整生物钟**：找到自己一天中注意力最集中的时间（早晨、下午或晚上），并安排在这个时间学习最困难的内容。
- **饮食影响专注力**：减少食用高糖、高脂食物，摄入优质蛋白质，增加富含Omega-3的食物（如坚果、鱼类），增强大脑功能。
- **适量运动**：每天进行30分钟的有氧运动（如跑步、瑜伽），有助于提高大脑供氧量，提升专注力。

专注力并不是天生的，而是可以通过训练和习惯养成来不断提升的。以上这些好习惯如果你能长期坚持，就会发现自己的专注力变得越来越强，从而真正实现深度学习和高效工作！

第 7 章

有效听课与自学：在学校和家里使用费曼学习法

在我们的学习生涯中，听课和自学是两大核心学习方式。然而，你是否曾有过这样的困惑：明明认真听了课，但下课后却感觉没学到多少？明明花了大量时间自学，做题时却发现自己依然不会？这种情况并不少见，问题的根源就在于，我们常常把"听课"当成了"被动接受信息"，把"自学"当成了"浏览材料"，而忽略了真正理解和内化知识的过程。

费曼学习法给了我们一个强有力的解决方案。他坚信，真正的学习不是简单地接受信息，而是主动地拆解、重组和表达知识。在他看来，如果你无法把它讲得简单明了，那就说明你还没有真正理解它。本章将带你探索如何在**课堂学习和自学过程中应用费曼学习法，帮助你更高效地听课、记忆和应用知识**。我们会从课堂学习开始，讨论如何用费曼学习法让你的听课变得更主动、更深入；接着，我们会讲解如何将费曼学习法应用到自学中，让你不再困于书本与笔记之间，而是真正掌握知识。无论你是学生、教师，还是终身学习者，本章的内容都将帮助你提升学习效率，真正实现"学了就能用"。接下来，我们从课堂学习开始，看看如何在听课过程中应用费曼学习法，让每一节课都能变成你的知识练兵场。

7.1 课堂中的费曼学习法

在课堂学习中，很多学生常常遇到这样的困惑：听课时感觉都懂了，但下课后一做题就懵了；或者上课奋笔疾书，记了一大堆笔记，但复习时却发现笔记堆积如山，毫无头绪。这些问题的根本原因在于，我们在课堂上只是被动地接受信息，而没有真正理解和内化知识。在课堂学习中，我们可以借助费曼学习法，主动构建知识体系，真正做到"听得懂、记得住、用得上"。其中，**高效的笔记策略**是实现这一目标的重要工具。

7.1.1 笔记策略：记住关键问题

很多学生的课堂笔记往往是老师板书的逐字抄写，甚至有些人会用录音设备将整堂课记录下来，认为这样能最大限度地保留知识。然而，研究表明，**机械性地记录信息并不会提高理解和记忆能力，甚至可能适得其反**。费曼学习法强调的是**深度理解和主动思考**，因此，我们在做笔记时，不能只是"记下来"，而是要"想清楚"。

那么，如何利用费曼学习法优化笔记，让课堂学习更高效呢？

以问题为导向：做笔记不是记知识，而是记问题。费曼学习

法强调"用提问的方式深入理解知识"。在课堂上,与其被动地记录老师讲的内容,不如**主动去思考**:

- 这个知识点的核心是什么?
- 它解决了什么问题?
- 它和我之前学过的内容有什么联系?
- 如果要向别人讲解这个知识点,我该如何表达?

举个例子,假设你在课堂上学习"牛顿第三定律"(作用力与反作用力)。传统的笔记可能是这样写的:

牛顿第三定律:每个作用力都有一个大小相等、方向相反的反作用力。

但如果你用费曼学习法,你的笔记可能会是这样:

问题:为什么我们推墙时,墙不会倒,但我们却感觉到阻力?

核心概念:作用力与反作用力总是成对出现的,并且大小相等,方向相反。

关联知识:这和我在游泳时感受到水的推力是一样的原理。

如果向小朋友解释:当你跳下船时,船会向后退,因为你的脚对船施加了一个力,船也对你施加了一个大小相等、方向相反的力。

这种"问题导向"的记笔记的方式,可以帮助我们主动思考,让知识变得更加清晰和直观。

结构化笔记：建立知识层次，避免"笔记堆积"。很多学生在复习时会发现，自己的笔记密密麻麻，信息量很大，但却难以快速找到重点。费曼学习法建议，我们可以使用**层级结构**来组织课堂笔记，让知识条理清晰、层次分明。

一个有效的笔记结构，可以参考"金字塔笔记（Pyramid Notes）法"：

> △ 一级标题：课程主题（如"牛顿定律"）。
> ◎ 二级标题：核心概念（如"牛顿第三定律"）。
> ∆ 三级内容：具体细节（如"作用力和反作用力的例子"）。
> ⊙ 四级内容：个人理解和应用（如"游泳时的推力、跳船的例子"）。

这样的笔记结构，可以让知识更有层次感，方便回顾和理解，避免出现一堆零散的知识点却没有逻辑联系的问题。

视觉化笔记：用图解和思维导图增强理解。费曼在学习时，非常擅长用**图表和直观的示意图**帮助自己理解复杂概念。他认为，很多知识难以记住，不是因为内容太多，而是因为缺乏直观的理解方式。

思维导图是一个强大的工具。比如，在学习二次函数时，你可以这样画（见图7-1）：

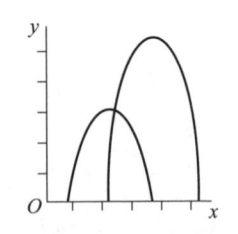

图7-1 二次函数图像

第7章 有效听课与自学：在学校和家里使用费曼学习法

> 中心概念：二次函数。
> - 标准形式：$y = ax^2 + bx + c$。
> - 图像特征：抛物线，开口方向，顶点。
> - 应用：抛物运动，抛物线反射原理。

这种方式不仅能帮助你更快地整理知识，还能在考试前用一张图就回顾整个知识体系。

课堂互动笔记：记笔记不是"独角戏"。 你有没有遇到过这样的情况：当你向朋友解释一个知识点时，自己反而学得更透彻了？这是因为，当你试图讲解时，你的大脑需要重新组织信息，这个过程本身就是一种深度学习。

费曼学习法的核心是"讲给别人听"，所以，我们在课堂上可以与同学互动，利用讨论来优化笔记：

- 向同学复述老师刚讲的内容，看能否用自己的话说清楚。
- 如果有不懂的地方，尝试向老师或同学提问，并记录下答案。
- 用"假想听众"练习，比如假设自己在给小朋友讲解这个概念，看能否用简单易懂的方式表达。

这样的互动笔记，不仅能加深对知识的理解，还能让学习变得更有趣。

课堂学习不仅仅是"听"，更重要的是"思考"和"表达"。如果我们能用费曼学习法优化笔记，就能在课堂上真正做到高效吸收知识，并且记得更牢、更清楚。

7.1.2 高效互动：如何提问和回答以更好地理解

在我的学习经历中，最初在课堂上我也是习惯性地"安静听讲"，但后来我发现，这样的学习方式效率很低。真正让我掌握知识的，是那些让我不得不去"开口讲解"的课堂时刻。无论是向老师提问、回答问题，还是与同学讨论，每一次表达的过程，都是把对知识"模糊的理解"变成"清晰认知"的过程。

很多人以为"听懂了"就是"学会了"，但费曼曾说过："你以为你理解了，直到你试着向别人解释。"课堂上的高效互动，不只是听讲，更重要的是学会提问和回答，用清晰、简洁的语言去表达自己的理解。那么，如何用费曼学习法，在课堂上真正做到高效互动，让提问和回答成为深化理解的工具？

提问的艺术：问出真正的"好问题"。有些人不喜欢在课堂上提问，怕自己"问得太蠢"，怕老师或同学觉得"这个问题不是刚讲过吗"，于是选择不问。但问题是，如果你不主动提问，很多模糊的概念会一直停留在大脑的"灰色地带"，直到考试时你才发现自己其实并没有真正弄懂。在学习统计学时，我以为自己懂了"标准差"（Standard Deviation），直到有一天，一位同学问我："为什么标准差不是所有数据到均值的平均距离？"我一愣，发现自己从来没有认真思考过这个问题。于是，在下一次课堂上，我问老师："为什么标准差不是简单的'平均偏差'？"这个问题让我真正理解了标准差背后的数学逻辑，而不是仅仅记住了公式。

费曼曾说过，一个真正理解知识的人，不仅能回答问题，更能提出好问题。那么，什么是好问题？好问题就是能帮助我们更深入理解知识,而不仅仅是重复定义的问题。

课堂提问的"三步法"。 如果你不知道如何提问,可以试试这个简单的框架,让问题变得更精准、更有思考价值。

第一步:找出"模糊地带"。 听课时,时刻关注自己有没有以下这些信号:

> 这个概念似乎听懂了,但自己说不清楚?
> 这个公式是怎么推导出来的?有别的方法吗?
> 这个理论适用于所有情况,还是有例外?

> ☑ 提示:如果你觉得自己没有问题可以问,那很可能是因为你听得不够主动。试着停下来想一想,你自己真的能解释这个知识点吗?

第二步:用"费曼学习法"改造你的问题。 如果你不想问"老师,这个是什么意思"这种笼统的问题,可以换个方式。

> \# 低效问题:
> "什么是浮力?"
> "为什么电磁感应会发生?"
> Δ 高质量问题(带有因果关系):
> "为什么同样大小的木块和铁块放在水里,木块会浮起来,而铁块会沉下去?"
> "如果磁场变化得更快,电磁感应会变强吗?"

第三步:尝试自己回答,再去验证。 自己先试着推测答案,然后再听老师的讲解,看看自己与正确答案的差距。大胆向同学解释你的理解，看看他们能否听得明白，如果他们听不懂，那你可能还需要再梳理思路。这样，你的每一个问题都会成为深化理解的契机，而不是仅仅为了"得到一个答案"。

回答的技巧：用"费曼风格"讲解知识。如果你害怕在课堂上回答问题，担心自己答得不够完美，那你可能还没有掌握费曼式回答法。如果老师点名让你回答问题，不要慌，按照这个四步回答法整理你的思路。

费曼的"四步回答法"。

第一步：用自己的话，简单描述核心概念。不要直接复述课本，而是用最简单、最直白的方式说出来。

> "浮力就是水托住物体的力，像你在泳池里感觉水会把你托起来。"
>
> "电磁感应就是当磁场变化时，线圈里会产生电流，就像用磁铁快速靠近一个金属环，它会自己生电。"

第二步：举例，让概念变得更具体。

> "就像你在浴缸里放一个球，它会浮起来，因为水给了它浮力。"
>
> "就像信用卡的磁条，当你刷卡时，机器会读取磁场变化，产生信号。"

第三步：尝试找一个类比。（类比法是费曼教学的经典技巧！）

> "浮力就像一个'隐形气垫'，水会在你下面推着你。"

"电磁感应就像你在电梯里晃动手机,信号会忽然增强或减弱。"

第四步:提一个拓展性问题,进一步思考。

"如果一个物体在水里既不上浮也不下沉,是因为浮力和重力刚好相等吗?"

"为什么有些人游泳时比别人更容易浮起来?"

课堂互动:避免"沉默模式"。很多人害怕在课堂上发言,但费曼学习法的核心理念就是"讲出来,才是真的理解"。如果你在课堂上只是安静听讲,而从不主动发言,那你可能错失了很多巩固知识的机会。

如何高效参与课堂互动?我曾经在学日语的时候,害怕在课堂上开口,担心自己的发音不标准。后来,我试着用费曼学习法——每次学到一个新单词或语法,我都逼自己去造句,并向老师或同学解释这个语法的用法。结果,我的进步比之前快了好几倍,因为每次讲出来,我都会发现自己的知识漏洞。你也可以尝试着按照以下的方法去做:

- 尝试主动回答问题,即使不确定答案,也可以说出自己的思考过程。
- 和同学组成"互讲互问"小组,轮流用自己的话解释知识点,并让对方提问题挑战你的理解。
- 当别人回答问题时,尝试在心里默默总结核心观点,看看自己能否用更简单的方式解释出来。

7.2 课后复习：
费曼学习法如何帮你巩固知识

课堂上的互动和思考，帮助我们理解了知识的基本框架，但真正的掌握并不只发生在教室里。多少次你在课上听得明明白白，可一到复习时却发现，知识点似乎变得模糊了，甚至有些概念根本回忆不起来？这正是因为，仅仅"听懂"远远不够，**知识需要不断地巩固，才能真正内化**。

费曼认为，最好的复习方式不是机械重复，而是主动去讲解和运用。他曾说："如果你无法把它讲得简单明了，那就说明你还没有真正理解它。"因此，在课后，我们要用**错题本、复述和自我讲解**等方式，把知识点重新拆解，用自己的语言重构一遍，这样才能发现理解中的漏洞，并加深记忆。那么，具体该如何做？下一节，我们就从错题本和自我讲解开始，看看如何用费曼学习法让复习变得高效而深刻。

7.2.1 复习和错题本：不懂的知识就讲给自己听

你是否有过这样的经历：考试前一晚翻开笔记，发现满页的内容仿佛都是"新知识"？或者，面对错题时，你只是匆匆看一眼答案，心想"哦，原来是这样"，但下次再遇到类似问题时，仍然无从下手？这其实是典型的**被动复习**，即我们只是用眼睛"看过"知识，而没有真正去"加工"和"输出"知识。费曼学习法强调主动学习，特别是在复习过程中，最有效的方法之一就是**讲解**。如果你能把一个知识点讲清楚，那说明你真的掌握了它；如果讲不清，那恰恰暴露了你需要强化的地方。那么，如何在复习中高效利用**错题本和自我讲解**来提升理解和记忆呢？这里将拆解这个过程，并结合费曼学习法，提供一套系统化的复习策略，让知识真正内化，而不是停留在表面。

为什么错题本比笔记更重要？——"错题才是你的知识盲点"

大多数人在复习时更喜欢看笔记，而不是翻看错题。然而，笔记记录的是你曾经听懂的内容，而错题反映的才是你真正的知识漏洞。如果你的复习方式只是机械地翻阅笔记，而没有针对自己真正的弱点进行强化，那学习效果会大打折扣。

费曼在学习时，并不会把自己会的内容反复巩固，而是专门挑出自己模棱两可、不够扎实的知识点去深入研究。例如，他在学习一门新理论时，喜欢先给自己出一道相关的问题，然后尝试解答，如果无法流畅地回答，就意味着自己还没有真正掌握这个概念。这个方法与"错题本"极为相似。

如何建立一个有效的错题本？

精选错题，而不是堆积错题。很多人习惯把所有做错的题目抄进错题本，结果导致一本厚厚的"错误大全"，但真正回顾的却寥寥无几。错题本不在于量，而在于精，你应该把那些自己反复做错、容易混淆、概念模糊的题目摘录出来，而不是简单地收集所有错题。

在错题旁边写下"为什么"。不要只是抄下正确答案，而是要写清楚：

> 我为什么做错?是概念不清,还是计算失误?
> 这道题涉及哪些核心知识点?
> 如果让我讲解这道题,我该怎么给别人讲?

以上这样做的好处是,你不仅在纠正错误,还在训练自己的**讲解能力**,这正是费曼学习法的精髓。

分门别类,构建知识网络。费曼强调知识是一个网络,而不是孤立的点。因此,你可以把错题按知识点分类,而不是按考试顺序排列。例如,把数学错题分为"代数""几何""概率"等,把语言类错题分为"语法""词汇""阅读理解"等。这样,每次复习时,你能发现自己在哪个领域最薄弱,并针对性突破。

费曼的"自我讲解"法:复习时,讲给自己听! 当你复习时,如果只是"看"知识点,感觉自己都懂了,那很可能是假象。真正的理解,必须经过"讲出来"这一关。费曼本人在学习时,有一个独特的习惯——他会假装自己是一位老师,站在黑板前,把知识点讲给自己听。他相信,如果一个人能把知识讲清楚,尤其是用通俗易懂的语言讲给一个"完全不懂的人",那么他才算真正掌握了这个知识。

如何进行"自我讲解"?

- 找一个"假想听众"。你可以假装自己在给一个完全不懂这个概念的人讲解,比如一个小学生,或者你的朋友。如果你能让对方听懂,那说明你的理解足够深入。
- 用自己的话表达,而不是背诵书本。不要照本宣科,而是用自己的语言转述。比如,你在学习"牛顿第一定律"时，不要死记硬背"物体在没有外力作用时保持静止或匀速直线运动"，而可以这样讲："假设你在冰上推一个冰球，如果没有阻力，它就会一直滑下去——这就是牛顿第一定律。"

- 发现卡住的地方，回去查缺补漏。如果在讲解过程中，你发现自己有某个地方讲不清楚，那恭喜你！你刚刚找到自己的知识盲点。这个时候，就要回去查阅资料，搞懂之后再讲一次，直到能够流畅地表达出来。
- 录音或者录像，检查自己的讲解效果。你可以用手机录音，回头听听自己讲解时的逻辑是否清晰，是否有遗漏的地方。这个方法不仅能帮助你检查自己的表达，还能帮助你克服对知识的"错觉熟练度"（即以为自己懂了，但其实并没有）。

如何将错题本和自我讲解结合起来？错题本和自我讲解可以形成一个完整的闭环，让复习更加高效。具体步骤如下：

- **整理错题本**：从错题本中挑选出你反复出错的题目，写下错误原因和关键知识点。
- **尝试讲解**：假装自己是老师，把这些知识点讲给自己听，或者讲给朋友、家人听。
- **查缺补漏**：如果某个知识点讲不通顺，就回到书本或笔记，找到相关内容，理解之后再试着讲一次。
- **总结改进**：定期复习错题本，看看自己是否已经彻底掌握了错的知识点，这时可以将已掌握的错题移出错

> 题本，同时仍然需要强化未掌握的错题。

当你学会用错题本整理知识漏洞，并通过自我讲解去填补空白时，你的复习不再是机械的重复，而是一次次的思维升级。你会发现，自己不再需要死记硬背，而是能真正理解和掌握知识。这正是费曼学习法的魅力——让知识在你大脑中生根发芽，而不是浮光掠影。

7.2.2　思维导图和简化笔记：构建你的知识网络

我一直记得自己在备考博士生入学考试时的那种焦虑感。当时，我每天面对的是厚厚的参考书和堆积如山的文献，感觉自己像是在知识的汪洋里漂浮，根本抓不住重点。最痛苦的事情是，每当我试图复习之前的内容时，总觉得已经学过了，但真正要表达出来时，脑子里却一片混乱，像是记住了一大堆碎片知识，但没办法把它们拼成一幅完整的知识图景。这种困境让我意识到，仅仅记住知识点是不够的，更重要的是**如何整理知识、建立联系、让大脑"看见"整个知识体系**。后来，我开始尝试用思维导图和简化笔记来重构自己的学习方式，才发现这不仅让我在复习时更高效，还极大地增强了我对知识的掌控感。从那时起，我对这一方法深信不疑，并在不同的学习场景中不断优化它的使用方式。

思维导图：让知识结构一目了然。还记得小时候学历史时，我总是死记硬背朝代顺序和重大事件，结果过一阵子就忘得一干二净。直到后来，我在笔记本上画了一棵"历史时间树"：

第7章 有效听课与自学：在学校和家里使用费曼学习法

朝代是树干，各个历史事件是树枝，影响因素是树叶，这样整个时间线就像是"活"过来了。后来，每次回忆时，我都能从"树干"延伸到"树枝"，很快就能回忆起细节。

这种方法其实就是**思维导图**的雏形。思维导图的核心原理就是利用视觉化手段，将知识点按照层级关系整理出来，让它们像一棵树一样生长，而不是像一堆散乱的树叶堆在地上。

如何用思维导图整理学习内容？你有没有发现，我们的大脑其实挺"挑食"的？文字多了，它就犯困；一堆理论往那一摆，它就开始"走神"，一会儿想待会吃什么，一会儿想待会刷什么剧。可要是换成一张图，一下子就精神了。为什么？因为大脑就是喜欢图像，图像简单、直观。

这就是思维导图厉害的地方。

想象一下，我们学一门课，比如"儿童心理发展理论"，那所含内容很多，皮亚杰是谁？维果茨基讲了什么？一页页的讲义根本记不住。但当你把它们画成思维导图，中间一个主题，四周一圈圈展开——认知发展理论、社会文化理论、行为主义理论……立刻清清楚楚，不仅方便记，还能随时拿出来扫一眼，就像把知识变成了"地铁图"，每条线都通往核心站点（见图7-2）。而且，思维导图不仅看着舒服，它更像是给大脑"排队打包"的过程。你要把知识一层层厘清，什么是大的概念，什么是小的细节，像是在给信息找归属感。不再是堆满桌面的便利贴，而是一个条理分明的工作台。思维导图特别适合我们这种"有点忙又不想忘"的人。不管是考试前几个小时，还是备课前十分钟，拿出自己画的思维导图，就像翻开一本属于自己的"秘密武器"笔记本。很多人复习十遍不如思维导图一张，那是因为大脑喜欢你这么"有组织"。

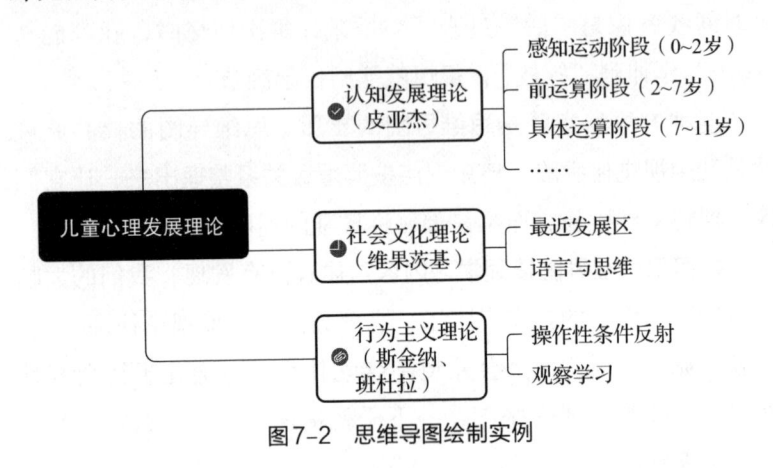

```
儿童心理发展理论
├── 认知发展理论（皮亚杰）
│   ├── 感知运动阶段（0~2岁）
│   ├── 前运算阶段（2~7岁）
│   ├── 具体运算阶段（7~11岁）
│   └── ……
├── 社会文化理论（维果茨基）
│   ├── 最近发展区
│   └── 语言与思维
└── 行为主义理论（斯金纳、班杜拉）
    ├── 操作性条件反射
    └── 观察学习
```

图7-2 思维导图绘制实例

所以别小看这张图，它不是为了好看，而是让你真的"看得懂、想得起、用得上"。

简化笔记：让笔记更短但更有用。我曾经有一位同学是个"狂热笔记达人"，甚至某阶段我将他作为我学习的榜样。他的课本和笔记本上总是密密麻麻地写满了文字，每次上课都记得比老师讲得还多。但等到考试前复习时，他总是花很多时间去翻笔记，却经常找不到重点。这其实是很多人的误区——记笔记不是记得越多越好，而是要把最关键的信息提炼出来。后来，我学会了"简化笔记"的方法，把冗长的笔记缩减到最核心的内容，并用符号、关键词、箭头等方式增强逻辑性。

如何做"简化笔记"？

关键词提炼法：不要写长句，而是用关键词表达核心概念。

例如，在学习"经典条件反射"时，不要写：

> "巴甫洛夫发现,狗在听到铃声后会流口水,因为它把铃声与食物联系在一起。"

改写成:

> 巴甫洛夫 → 狗实验 → 铃声 + 食物 = 反射

这样一来,笔记虽短,但核心信息却更突出。

逻辑符号法:用符号来增强理解,比如:

> ↑代表增加,↓代表减少,→代表因果关系。

例子:

> 运动 + 持续 → 心肺功能 ↑
> 熬夜 → 记忆力 ↓

问答笔记法:把重点知识转化成问题形式,强迫自己思考。例如,在复习"费曼学习法"时,可以写:

> 费曼学习法的核心步骤是什么?
> 为什么"讲解"比"阅读"更能帮助理解?
> 如何判断自己是否真正理解了一个概念?

这种方式不仅能让我们主动思考,还能帮助我们在考试前快速进行自测,提高复习效率。

如何结合思维导图和简化笔记? 思维导图和简化笔记各有优点,最佳的方式是将两者结合使用。

- 用思维导图构建知识体系,确保理解整体知识框架。
- 用简化笔记记录细节,让复习时能快速抓住关键点。
- 在复习时先看思维导图回忆整体,再看简化笔记强化细节,形成完整的知识网络。

我之所以如此推崇思维导图和简化笔记,并不是因为它们看起来"高效"或者"科学",而是因为它们真正**改变了我的学习方式**。从最初在书本里"淹没"自己,到后来主动"建造"自己的知识网络,我深刻体会到:**学习不是被动接受,而是主动整理、关联、思考和表达的过程**。当你掌握了这些方法后,你会发现,学习不再是堆积无数的知识点,而是搭建一座座连贯这些知识点的桥梁。从零散的点,到清晰的线,再到完整的面,知识最终会成为你自己的东西,而不是考试结束后就消失的回忆。

第8章

读写基础：提升阅读和写作能力的费曼小技巧

在学习的旅程中，阅读和写作是一体两面的能力。阅读是输入，写作是输出，而真正地理解和掌握知识，往往发生在输出的过程中。很多人都有这样的体验：当我们只是阅读一本书或一篇论文时，可能觉得理解了，但真正需要复述或写下来时，却发现自己根本讲不清楚。这正是费曼学习法强调的关键——真正的理解不是进行简单的阅读，而是能够用自己的语言清晰地表达出来。上一章探讨了如何用思维导图和简化笔记来整理知识结构来让大脑更容易记住知识。这一章将深入探讨如何利用费曼学习法提升阅读和写作能力，让书本上的知识真正成为你大脑的一部分。

8.1 阅读的好方法：有效理解是关键

> "'我懂了'和'我能讲清楚'之间，差了一整个宇宙。"
>
> ——费曼

费曼本人就是掌握阅读方法的高手。他在普林斯顿大学学习时，面对大量复杂的物理理论，从来不会一字一句地死记硬背，而是灵活运用不同的阅读方式，使自己在最短时间内抓住核心概念，并能用自己的语言解释出来。很多人在阅读时，会产生一种"理解的错觉"——当我们看到熟悉的术语或概念时，会误以为自己已经理解了它们，但真正要用自己的话解释时，却发现根本不知道该从哪里讲起。这种"阅读假象"是学习的大敌。**费曼学习法的核心理念之一，就是打破这种错觉，让阅读真正变成理解，而不是浮于表面的浏览。**

那么，如何才能真正读懂一本书、一篇文章，甚至是一篇复杂的学术论文呢？以下是几个实用的费曼小技巧。

8.1.1 精读、速读、图解：费曼学习法的阅读技巧

1. 精读：深度理解一本书

在竹简为书的年代，孔子为研读《周易》，将编联竹简的牛皮绳磨断了多次。"韦编三绝"的典故生动诠释了中国古代智者对精读的执着追求。在信息爆炸的今天，这种专注深入的阅读精神更显珍贵。在快节奏的今天，"刷书"成为常态，我们往往只追求阅读数量，却忽视了深度理解。真正的阅读，应当如同孔子"韦编三绝"般专注，如同朱熹"字求其训，句索其旨"般严谨。精读，是通往深度理解的必经之路。深度理解始于文本细读。宋代大文豪苏轼读《汉书》，采用"八面受敌"法，每次只关注一个方面，反复研读数十遍。这种方法使他能够全面把握典籍精髓，在文学创作中游刃有余。精读要求我们放慢速度，逐字逐句推敲，关注作者的用词造句、篇章结构，乃至标点符号的使用。只有深入文本肌理，才能领会作者的匠心独运。深度理解还离不开思考质疑。明代学者胡应麟读《史记》，不仅熟读文本，还广泛搜集各家注释，通过批判性考据最终写成《史书占毕》。精读要求我们带着问题阅读，与作者对话，提出质疑，形成自己的见解。这种思考质疑的过程，正是将书本知识转化为个人智慧的关键。精读适用于那些逻辑严密、信息密度高的书籍，例如学术论文、专业教材或经典著作。费曼学习法强调：**精读的目标不是单纯地读完，而是确保自己能够准确讲解书中的内容，并将其应用到实际问题中。**

费曼的"以教为学"阅读策略。费曼在阅读物理学经典著作时，会采用一个简单却高效的方法。

- 阅读后，合上书本，尝试用自己的语言解释刚刚学到的内容。
- 如果无法清晰地表达内容，就意味着对内容理解得还不够透彻，需要重新阅读。
- 不断简化讲解，直到能用通俗的语言让一个外行人听懂。

这一过程就是费曼学习法的核心——"如果你无法把它讲得简单明了，那就说明你还没有真正理解它"。

那么如何实践呢？以下就是精读"四步法"的具体步骤（见表8-1）。

表8-1 精读"四步法"的具体步骤

具体步骤	方法	示例
1	概览全书：先读目录、前言和结论，了解核心框架	先浏览一本教育学书籍的章节结构，判断哪些部分最重要
2	逐章阅读，提炼关键词：用3~5个核心词概括每个章节的要点	阅读一篇关于儿童媒介素养的论文后，提炼出"媒介暴露、家长引导、儿童认知"三个关键词
3	用自己的语言解释：合上书本，向自己或别人讲解	读完一段复杂理论后，尝试用生活化的例子讲给朋友听
4	反思与应用：思考如何将知识与实际结合	学完幼儿教育理论后，尝试设计一个符合该理论的活动

2. 速读：倒金字塔式阅读法与速读三步法

在信息爆炸的时代，我们每天都需要阅读大量的文本——

研究论文、政策文件、商业报告、书籍、考试复习资料等。然而，许多人在阅读时常常遇到以下问题：

> 读得很慢，一篇文章看半天，却仍然抓不住重点。
>
> 读完就忘，感觉好像什么都看过了，但真正需要复述时却无从下手。
>
> 面对大量信息无从下手，不知道应该从哪里读起，甚至因为压力太大而拖延不读。

那么，如何在有限的时间内高效获取关键信息，并真正理解和吸收呢？

答案就在**费曼学习法**的核心理念中——理解的最好方式是教授别人。但要做到这一点，首先需要快速准确地抓住文本的核心内容。因此，这里将介绍两种实用的速读策略（见图8-1）。

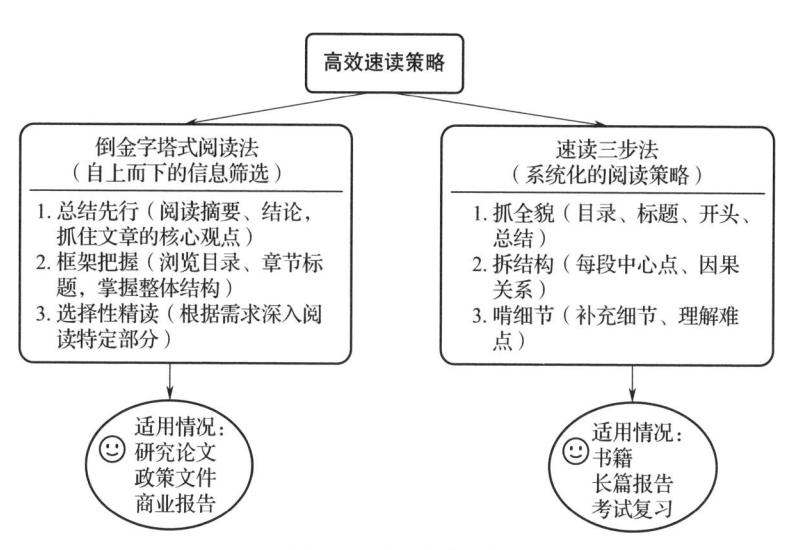

```
                    高效速读策略
                    /           \
        倒金字塔式阅读法           速读三步法
       （自上而下的信息筛选）      （系统化的阅读策略）
    1. 总结先行（阅读摘要、结论，    1. 抓全貌（目录、标题、开头、
       抓住文章的核心观点）            总结）
    2. 框架把握（浏览目录、章节标     2. 拆结构（每段中心点、因果
       题，掌握整体结构）              关系）
    3. 选择性精读（根据需求深入阅     3. 啃细节（补充细节、理解难
       读特定部分）                    点）
              ↓                           ↓
          适用情况：                   适用情况：
        ☺ 研究论文                   ☺ 书籍
          政策文件                     长篇报告
          商业报告                     考试复习
```

图8-1 高效速读策略

倒金字塔式阅读法：从核心到细节，快速提炼关键信息。我们在阅读学习材料时，不要一上来就逐字逐句"啃"，而是先抓"总结"——文章的核心观点或结论；接着看它是怎么组织这些观点的，理解整体框架；最后再进入具体细节，查缺补漏。这样读的好处是它能让你在最短时间里判断这篇文章值不值得深入，还能防止你陷入信息的"迷雾"中——读了半天，反而丢了重点。所以，下次打开一篇长文章，不妨先反过来问自己三个问题：

> 它到底讲了个什么事？
> 这件事是怎么展开的？
> 哪些细节可以支持我更深入理解？

倒金字塔式阅读法借鉴了新闻写作的结构，即按照信息的重要性递减顺序进行阅读。它的核心理念是：从核心到框架再到细节，逐步深入，而不是一开始就逐字逐句地阅读。

倒金字塔式阅读法适用情况：

- 阅读研究论文、政策文件、商业报告等**结构化文本**。
- 需要快速获取文章的核心内容，避免陷入冗长的细节。
- 需要在短时间内浏览大量文献或信息，筛选出最有价值的内容。

倒金字塔式阅读法操作步骤：

①**总结先行**：阅读摘要、结论，抓住文章的核心观点。

在阅读任何文章时，第一步就是阅读摘要、结论或执行概要，这样可以直接获取作者的主要观点。例如，研究论文的摘要通常包含研究目的、方法、主要发现和结论，这是理解整篇论文的关键。

②框架把握：浏览目录、章节标题，掌握整体结构。

在精读细节之前，浏览文章的目录、章节标题等，建立对文章的整体结构认知。

③选择性精读：根据需求深入阅读特定部分。

当你已经掌握文章的核心思想和结构后，可以根据自己的需求选择性地阅读最重要的部分。

速读三步法：从整体到局部，构建系统性理解。这不是那种"十分钟读完一本书"的噱头，而是一种真正帮你建立系统性理解的策略。它的核心原则简单得像切水果：先看整体，再看结构，最后看细节。

速读三步法适用情况：

- 需要全面理解一本书、长篇报告、考试复习资料等系统性文本。
- 需要在短时间内建立知识框架，而不仅仅是获取零碎信息。
- 需要在理解的基础上进行深入学习，而不仅仅是表面阅读。

速读三步法操作步骤：

第一步，抓全貌。别急着读每一个字，先浏览目录、标题、开头和总结。这个过程就像拉远镜头，看看整片森林长什么样。你要先知道这篇内容讲的是哪类话题、大致方向和主线逻辑。这样大脑才有"挂钩"的地方，能把后面学到的东西统统挂上去。

第二步，拆结构。接下来，别跳进细节的"泥潭"，而是去观察文章是怎么展开的：作者是怎么分段的？每段的中心点是什么？哪些内容是因果关系，哪些是并列说明？这一步是在脑中搭建一个"知识骨架"，就像拼乐高前先搭一个框架。

第三步，啃细节。这时候再回头看每一段、每一句，补充细节、理解难点。因为你已经有了结构和大局的概念，这些细节就不再是"乱麻"，而是拼图游戏里的最后几块，很容易找到归属。

这种从整体到局部、从粗到细的阅读方式，正符合我们大脑的处理逻辑。你会发现，这样不仅理解得更快，还记得更牢。读书不再是"死磕"，而是一场有节奏的探索旅程。

那么如何选择适合自己的速读法呢？请见表8-2。

表8-2　如何选择适合自己的速读法

你的目标	适用方法
需要快速获取核心信息	倒金字塔式阅读法
需要全面理解一本书	速读三步法
处理结构化文本（论文、报告）	倒金字塔式阅读法
处理系统性知识（教材、复习资料）	速读三步法

● 小试牛刀 ●

- 如果你是学生：试着用速读三步法来复习教材，提高备考效率。
- 如果你是职场人士：用倒金字塔式阅读法来快速理解商业报告或政策文件。
- 如果你是研究人员：用倒金字塔式阅读法来阅读论文，提高科研效率。

3.图解：如何用视觉化方式加深理解？

在费曼学习法中，我们强调"用自己的语言解释知识"，但实际上，"语言"不仅仅是指文字和口头表达，视觉也是一种强大的语言。研究表明，人类大脑会用两种方式处理信息：语言（Verbal）和视觉（Visual）。我们大脑处理图像信息的速度比处理文本快60000倍，并且65%以上的人属于视觉学习者，更容易通过图像、图表等形式理解和记忆信息。在学习的过程中，我们可以引入三种常见的图解工具：

①思维导图（Mind Map）：建立知识框架。

如前文所言，这种方式可以**模仿大脑的联想思维**，让学习变得更加直观和系统。思维导图的本质，是一种模仿我们大脑运作方式的工具。人脑可不是按目录翻书那样线性思考的，它更像是"蹦蹦跳跳"的联想王：想起苹果会想到健康、想到牛顿或白雪公主……思维导图正是利用了这一点，以一个中心概念为起点，向四面八方辐射出相关的关键词、例子、细节和层次，把零散的信息组织成有机的整体。这种方式不只是为了整理过去学过的知识，它还能引导你**发现自己不知道的空白区**。比如画着画着，你发现"这个点我竟然接不下去"，那就是提醒你：这里得补补了！

所以，当你觉得书读得越多，反而越乱，不妨先停一停，拿出一张白纸，从中心开始，一点一点地画。你会发现，不知不觉中，你不仅仅记住了知识，还真正**把知识"住进了"脑子里**。

适用场景：

- 学习一门新知识时，快速整理知识结构。
- 在复习时，将零散的知识点整合到大框架中。
- 记忆复杂概念，如法律条文、化学反应、生物分类等。

②流程图（Flow Chart）：理解知识的运行过程。

流程图就像是大脑的"时间线导演"，它帮你把那些看似复杂的过程拆解成**清晰可见的步骤**，每一步之间是怎么接上的、有没有条件、结果是什么，全都一目了然。比如你在学"火山喷发的过程"，传统的学法可能是记忆一段话：地壳运动使岩浆上升……但用流程图来画，你可以从"地壳运动"画一条箭头到"岩浆积聚"，再到"压力增大"，然后"火山爆发"。每一步清清楚楚，像是在看一部电影分镜头剧本。它不仅适合自然科学，还能用在你日常生活中。比如"写一篇论文"可以分成：确定主题→查找资料→拟定提纲→写初稿→修改润色→提交发表。当你把这个流程画出来，你会突然觉得：啊，原来写论文不是"一口吃掉"，而是"分段击破"。

流程图的魔力就在于它帮我们**看清楚知识是怎么"动"起来的**。知识不是静态的记忆，而是动态的理解。你不再只是"知道发生了什么"，而是真正"看懂了它怎么发生"。

适用场景：

- 解释"如何使用费曼学习法"这样的过程性知识。
- 理解"电流是如何流动的"等因果关系。
- 学习算法时，梳理每个步骤的执行逻辑。

③**概念图（Concept Map）：建立知识间的关联。**

概念图的核心很简单，就像我们小时候画"亲戚关系图"一样：一个个**节点代表的是知识概念**，比如"重力""能量""动量"；而**连线就是这些概念之间的"感情线"**——是因果关系，包含关系，还是对比关系？通过这种方式，原本彼此孤立的知识点开始"牵手"，变成了一个有机的整体。举个生活化的例子：你在学"生态系统"时，可以把"太阳能"作为一个概念节点，连到"植物"，再连到"草食动物"，再连到"肉食动物"，中间还可以补上"能量传递""物质循环"这样的关系词。最终你不是记住了一堆术语，而是像看地图一样，能理解整套运作逻辑。这种方式特别适用于**整理新知识、复习旧知识、准备向别人讲解**的时候。因为它逼着你不仅记住"是什么"，还要弄清楚"为什么"和"怎么连"。

用概念图学习，你的大脑不再是一个装着散件的工具箱，而是变成了一座能运作、能创造的工厂。知识不只是你"知道了"，而是你能随时调动、灵活运用的"认知网络"。

适用场景：

- 比较不同概念之间的异同，如"费曼学习法和SQ3R阅读法"。
- 连接跨学科知识，例如"数学在物理中的应用"。
- 梳理复杂主题，如"环境污染的影响因素"。

图解学习并不是费曼学习法的替代品，而是一种增强学习工具。结合思维导图、流程图和概念图，我们可以将**复杂的知识拆解、梳理、关联**，从而更高效地掌握和记忆知识。如果你想更好地运用费曼学习法，**尝试画一张属于自己的知识图解**，你会发现，原本晦涩的概念，变得清晰易懂了！

你可以开始尝试：

- 画一张关于"费曼学习法"的思维导图。
- 设计一个"如何用费曼学习法学习新知识"的流程图。
- 制作一个"不同学习方法比较"的概念图。

你会发现，学习变得更轻松，更有趣了！

8.1.2 费曼学习法在阅读理解中的妙用

如果你曾经有过这样的经历：花了一个小时认真读完一篇文章，合上书后却发现自己几乎什么都记不住，那么，你并不孤单。这种"阅读幻觉"让人误以为自己理解了某个概念，但实际上只是短暂地在脑海里过了一遍。费曼学习法在阅读中的妙用，正是帮助我们打破这种幻觉，让知识真正变成自己的东西。

阅读不仅仅是眼睛的运动，还是大脑的思考过程。很多人把阅读当作被动接受知识的过程，但费曼的学习理念告诉我们，真正的理解来自主动提取、重组和表达。他自己就是阅读高手，无论是研究晦涩难懂的物理学文献，还是通俗科普读物，他都有一套独特的阅读策略，让自己能够迅速抓住核心概念，并将其转化为可应用的知识。本小节将探讨如何利用费曼学习法提升阅读理解能力，并提出几种具体的方法，帮助你在任何文本中迅速抓住要点，深入理解内容，让所学知识真正内化到自己的认知体系中。

读完≠学会，理解才是关键。费曼最喜欢做的一件事，就是边阅读边问自己问题。比如，在研究量子电动力学的理论时，他不会简单地学习书上的公式，而是会不断地**自问自答**：

- "如果我向一个高中生解释这个理论，他能听懂吗？"
- "这个概念和我以前学过的知识有什么联系？"
- "如果我不看书，自己能复述出来吗？"

这种方法可以帮助我们识别"阅读幻觉"。很多时候，我们以为自己明白了一个概念，但一旦要讲解给别人，就会发现自己磕磕绊绊、语无伦次。这正是因为阅读只是知识输入，而**不是知识输出**，费曼学习法的核心理念就是**将输入变为输出**。

● 小试牛刀 ●

- **边读边自问自答**：阅读时，不仅仅是跟着文字走，而是不断地测试自己是否真正理解了内容。
- **尝试用自己的话复述**：如果你能不用书本，简明扼要地将知识解释给别人听，那说明你真正掌握了知识。

费曼的"拆解阅读法"：从复杂到简单。阅读的最大障碍，往往不是知识的多少，而是知识的复杂性。费曼的解决方案是**拆解知识**，将复杂的概念分解为简单的部分，再逐步拼接成整体。他认为，一个概念如果不能用简单的话解释清楚，那说明你并没有真正理解它。这种方法的厉害之处在于：你不是在死记硬背知识，而是在主动"翻译"知识，用你自己的语言讲出来。一旦你能把一个看起来复杂的概念讲给小朋友听，让他们听懂并且点头，那你就真的掌握了。

让我们来看看**普通阅读**和**费曼拆解阅读法**的区别。

很多人看完一本书、刷完一套资料，信心满满，仿佛掌握了一切。可一问细节，就开始"呃……好像当时看到过，但记不清了"。为什么会这样？问题往往出在你用的是"传统阅读"模式：**从头到尾一字一句地看，目标是把整篇读完，而不是把关键内容读懂**。这是我们从小养成的习惯：逐字阅读、遇到不懂的先跳过去，想着等下次会懂（但其实永远也不会）。结果呢？脑子像过了一遍"快闪秀"，记住的是文本，忘记的是意义。

而费曼拆解阅读法则完全不同。它不求你"读完多少"，而是问你："你真正理解了什么？"它的重点是**先抓住要点，再逐步深入**；遇到难点，不跳过，而是拆开来，像剥洋葱一样一层一层捋清楚。你不再是一个被动的接受者，而是一个主动的"知识翻译家"。比如，传统阅读可能让你记住一大段定义，而费曼拆解阅读法会要求你把这段定义，用最简单的语言讲给一个小学生听。能讲清楚吗？讲不清楚，就继续拆解、换词、重组，直到我们讲得通、对方听得懂。

与此同时，最关键的区别是输出方式。传统阅读的尽头，是一句"我记住了原文"；而费曼拆解阅读法的终点，是你能脱离原文，**用自己的语言解释出来**，这才是真正的理解。这就像你在厨房学做菜：传统阅读，是你把菜谱从头到尾读了一遍；费曼拆解阅读法，是你能合上菜谱，独立做出那道菜，还能教别人怎么做。

所以，下次再打开一本书、一份资料，问问自己：**我是想把它看完，还是想真正掌握？** 选择后者，你就已经站在了通往高效学习的路上。

如何使用"费曼拆解阅读法"？

① **找出核心概念**：快速浏览章节标题、目录和总结部分，提取出文章的主要观点。

② **分解难点**：遇到不理解的地方，尝试将其拆分。例如：读《相对论》时，不要试图一口气理解时空弯曲，而是先弄清楚时间膨胀、光速不变等基础概念。

③ **用日常语言解释**：假设你要向一个完全不懂这个话题的朋友解释，你会怎么说？

角色扮演阅读：让书本"开口说话"。很多人阅读时的最大问题是**太安静了！**他们只是默默地扫视文字，缺乏真正的互动。费曼则喜欢用"角色扮演"的方式让阅读变得更具对话感。例如：读科学论文时，他会想象自己是作者："如果我是作者，我会如何组织这篇论文？"读历史书时，他会站在不同人物的角度思考："如果我是这位历史人物，我会做出同样的选择吗？"

● 小试牛刀 ●

- **对话式阅读**：在书页旁边写下自己的疑问或评论，模拟自己在与作者对话。
- **假设自己是老师**：读完某一章节后，假装自己要给学生上课，看自己能否把内容讲明白。

费曼学习法的"迭代阅读":逐步加深理解。阅读不是一次性的活动,而是一个不断深化的过程。很多经典书籍,如《思考,快与慢》《穷查理宝典》等,往往需要多次阅读才能真正领会其中的精髓。费曼的做法是,每次阅读都设定不同的目标,**让理解逐步加深。**

迭代阅读的四个层次:

1. **浏览阶段**:快速翻阅全书,了解整体框架,找出重点章节。

2. **精读阶段**:逐章细读,使用费曼学习法讲解自己不理解的部分。

3. **回顾阶段**:隔一段时间后,再次翻阅笔记,看自己是否还记得核心内容。

4. **应用阶段**:尝试用书中的知识解决实际问题,例如在写论文或工作中应用学到的理论。

● 小试牛刀 ●

- **设定阅读目标**:每次阅读前,先思考"这次我要重点理解什么",避免机械性阅读。
- **间隔复习**:读完一本书后,不妨在1周、1个月、3个月后分别回顾一次,看自己哪些内容仍然记得,哪些内容需要重新学习。

费曼学习法的本质是"阅读—提取—表达—检验",它让阅读变成了一种互动式的学习体验。通过**自测、拆解、角色扮演**和**迭代阅读**,你不仅能更好地理解书本知识,还能真正把它们变成你自己的智慧。下一次阅读时，不妨试试这些方法，你会发现自己的理解力和记忆力都大大提升了！

8.2 让写作成为思维训练——费曼学习法如何帮你更清晰地表达

写作就像烹饪，你可以用复杂的配料，做出豪华的满汉全席，但如果食材搭配不当，味道就会变得混乱。而真正的大师，能用最简单的材料，做出令人难忘的美食。

费曼学习法的核心，就是让写作回归本质——用最简单的语言，传递最深刻的思想。

但现实中，很多人却偏偏喜欢反其道而行之。学术论文里充满了冗长的术语，商业报告里堆满了浮夸的表达，甚至社交媒体上，也有人刻意用复杂词汇包装自己，让观点显得高深莫测。但高手从不靠复杂词汇彰显智慧，而是用简单直接的语言，让最难的概念清晰易懂。爱因斯坦曾用一句话解释相对论：

"坐在热炉上的一分钟，比坐在公园长椅上的一分钟感觉更长。"

这一句话，比许多物理学教科书都更能让人直观理解"时间的相对性"。同样的道理，真正会写作的人，不是让读者费力去"解码"你的文章，而是让他们一读就懂，一听就会，甚至能转述给别人。那么，我们如何用费曼学习法提升自己的写作？关键在于三个原则：简单、清晰、逻辑。

原则一：用最简单的语言表达复杂的想法。很多人误以为，使用复杂词汇能让文章更有"学术感"或"专业感"，但事实正好相反。真正的专业，是能把复杂问题讲得简单，而不是把简单问题讲得复杂。

比如，以下这两句话，哪一句更容易理解？

> "在经济全球化背景下，本企业通过战略性资源整合及市场拓展，实现了多维度增长。"
>
> "我们通过更好地利用资源和扩展市场，让公司获得了更多增长。"

答案显而易见。好文章不是让人敬畏，而是让人明白。

如何让你的表达更简单？

- 去掉一切不必要的修饰：不要用"在一定程度上"这种模糊表达，而是直接说出你的观点。
- 想象你在给一个10岁小孩解释这个问题：如果他听不懂，说明你的表达还不够清晰。
- 练习用"如果……那么……"的结构表达观点：这样能让句子更直白，逻辑更清晰。

• 小试牛刀 •

- 遇到复杂概念时，尝试用100字以内的简单话语解释它。
- 让一位不熟悉该领域的朋友阅读你的文章，看看他们能否理解。

第8章 读写基础：提升阅读和写作能力的费曼小技巧

原则二：逻辑清晰，避免模糊表达。 许多文章让人读起来费劲，不是因为内容不好，而是因为逻辑不清、思维跳跃。

请看以下这两种写作方式：

方式一（模糊不清）：

> "近几年，科技行业发展迅速，许多企业纷纷布局AI领域，预计未来会有更大发展。"

方式二（清晰有力）：

> "2020年以来，全球AI市场规模每年增长超过15%。腾讯、阿里巴巴等公司已经投入数十亿资金布局AI。专家预测，到2030年，AI市场规模将达到5万亿美元。"

哪个更让人信服？显然是第二种。

在写作时，我们要避免使用"可能、大概、一定程度"等模糊表达，而是用具体的数据、案例和逻辑链，让观点更具说服力。华为的内部报告，通常采用"结论—原因—举例—总结"的逻辑结构，例如：

> **结论**：5G市场正在迎来爆发式增长。
> **原因**：全球用户数据需求激增，企业加速数字化转型。
> **举例**：目前中国已建成超过200万个5G基站，覆盖全国主要城市。
> **总结**：5G将在未来十年成为企业竞争的关键要素。

这种逻辑结构让报告既简洁又有力，让任何读者都能快速抓住重点。

如何让你的文章更有逻辑？

- 使用"结论—原因—举例—总结"的结构，确保观点层层递进。
- 避免跳跃式思维，每个观点之间要有清晰的因果关系。
- 用数据支撑观点，而不是仅靠"感觉"或"猜测"。

● 小试牛刀 ●

选一篇你写过的文章，看看每一段之间是否有清晰的逻辑衔接？如果没有，如何调整？

原则三：建立逻辑链，层层递进。好文章就像搭积木，每一块都必须有支撑，才能让整个结构稳固。但很多人在写作时，喜欢想到哪儿写到哪儿，导致文章缺乏整体性，读者看完后一头雾水。那么如何解决这个问题？我们应该建立逻辑链，让文章形成一个完整的"因果闭环"。让我们先来看一个例子，儒家经典《大学》的开篇便展现了极为清晰的"总—分—总"写作结构，体现出严密的逻辑链。文章开宗明义，提出核心主张："大学之道，在明在德，在亲民，在止于至善"这一句总领全文，明确了大学教育的根本目的，即通过个人修养，达到理想人格的完善，并将这种德行推广到家庭、社会和天下。紧接着，文章依次列出"八条目"：格物、致知、诚意、正心、修身、齐家、治国、平天下，用以详细展开如何实现上述理想。这一中段部分形成了分论点的结构，从个人内在认知与情感的修炼，到外在家庭与社会责任的实践,层层递进、逻辑清晰。最后,《大学》回扣核心思想,再次强调"修身"对于实现"治国平天下"的根本意义,构成首尾呼应、意义升华的总结段。这种总—分—总的结构,使文章不仅思想深邃,还逻辑分明,成为传统文化中思维与表达高度统一的典范,也为我们写作提供了可借鉴的范式。

在知乎上,一个关于"如何高效学习"的高赞回答是这样写的:

> **提出问题**:为什么很多人学了很多知识,但用不出来?
>
> **分析原因**:因为他们只停留在"记住知识",但没有建立自己的理解框架。
>
> **提供解决方案**:用费曼学习法,通过"讲给别人听"的方式加深理解。
>
> **总结论点**:学习不是记忆,而是理解+应用。

这个回答之所以吸引人,是因为它的逻辑链完整,层层递进,读者读完后不仅明白了问题的本质,还知道了该如何解决。

如何让你的文章更有结构感?

- 写作前,先列出核心逻辑框架(可以画一个思维导图)。
- 用"为什么—怎么办—如何做"的结构,让文章更有层次。
- 确保前后内容环环相扣,避免跳跃式表达。

> **· 小试牛刀 ·**
>
> 每一篇文章写完后,自检逻辑是否通顺,比如是否存在"观点跳跃"或"论证缺失"。
>
> 用"总—分—总"的结构,让文章结构更清晰。

8.2.1 将知识内化:让你的写作有料、有逻辑

你有没有遇到过这样的情况:明明读了很多书,听了不少课,但一到写作时,大脑就像断了网,思路卡壳,词不达意?这其实是因为你"学了",但并没有"内化"。知识如果只是浮在表面,就像一张写满字的白板,轻轻一擦就消失了。而真正的学习,应该是把知识刻进你的认知系统,让它成为你思考的一部分。那么,如何才能真正**内化知识**,让写作变得条理清晰、言之有物呢?

让知识在大脑里"沉淀",而不是"漂浮"。很多人写作时最大的问题是,**知识没有经过大脑的加工,直接生搬硬套**。就像做菜时,别人给你一堆食材和食谱,你只是照着炒一遍,却不知道为什么要这么搭配,最终味道寡淡无味。知识的内化,就像让食材腌制入味,需要经过**理解、拆解、重组、应用**四个阶段:

> **理解**:确保你真正明白知识的核心逻辑,而不是仅仅记住表面信息。

第 8 章 读写基础：提升阅读和写作能力的费曼小技巧

> **拆解**：把一个复杂的概念拆分成几个简单的要点，找到它们之间的联系。
>
> **重组**：用自己的话重新组织知识，把它串联成有逻辑的框架。
>
> **应用**：用它来解释现实问题、写文章或教给别人。

例如，如果你在写一篇关于"人工智能的伦理问题"的文章，你不能只是抄写书上的定义，而要思考：

> 人工智能的伦理争议到底是什么？
> 历史上类似的问题是如何解决的？
> 不同国家对AI监管的态度有何不同？
> 这对普通人有什么影响？

你需要不断自问："我是否真的理解了这个问题？如果要给一个完全不懂的人讲清楚，我该如何表达？"

用"费曼笔记法"构建你的写作思维框架。要让写作有逻辑，不能只是想到什么就写什么，而要有一套框架来组织信息，这样你在写作时就不会陷入"想到哪写到哪"的混乱状态，而是有条不紊地展开论述。费曼笔记法就是一个强大的工具。

如何用费曼笔记法构建写作逻辑？

- **选择主题**：写下你要写的内容，例如"如何提升写作的逻辑性"。
- **用自己的话解释这个主题**：想象你在给一个10岁的小孩讲解，确保你的表述清晰、易懂。

- **查找漏洞**：如果有任何你无法解释的地方，就去查阅资料，直到你能流畅地讲解。
- **重新组织信息**：把所有的知识点按照逻辑顺序排列，形成你的写作提纲。

● 小试牛刀 ●

（以"如何提升写作的逻辑性"为例）

主题：提升写作的逻辑性

核心概念：逻辑性来自清晰的思维框架和层层递进的论证

主要步骤：

第一步：理解逻辑的基本结构（比如总—分—总、并列关系、因果关系等）。

第二步：使用费曼学习法解释知识点，确保自己能讲清楚。

第三步：列出论点和论据，搭建清晰的文章框架。

第四步：写作时注重过渡词的使用，让内容流畅衔接。

让知识"活"起来，而不是"死"在书本里。真正内化的知识，不是只停留在记忆层面，而是能活用在不同的情境中。你可以通过两种方式，从被动接受知识变为主动输出知识。

（1）用类比法，让复杂知识变简单

有时候，直接讲解一个复杂的概念可能让人云里雾里。但如果换种方式，把它类比成一个大家熟悉的场景或事物，就易于理解。这就是**类比法**——用熟悉的事物解释陌生的知识，让复杂的概念变得直观、生动、易懂。

为什么类比法这么有效？

大脑的学习方式本质上是"迁移"——我们会把新知识和已有的知识联系起来，形成新的理解。如果一个概念太陌生，缺乏关联点，我们就难以消化。而类比法的作用，就是**搭建一座桥梁，把新知识和已有知识连接起来**，从而让理解变得更加直观。

案例1：量子力学和看不见的汽车。

物理学家通常用极其复杂的数学公式来描述量子力学，但费曼却用一个简单的比喻，让人们更容易理解"电子的概率波动"——"电子就像一辆看不见的汽车，你不能确定它具体在哪条车道上，但你可以估算它出现在某条车道上的概率"。这样一来，即使没有物理学背景的人，也能快速理解量子的不确定性。

案例2：写作和盖房子。

很多人觉得写文章难，是因为他们没有清晰的框架。用类比法，我们可以这样解释写作的逻辑结构：

> "写文章就像盖房子，结构决定了一切。主题是地基，如果不稳固，文章就会'塌掉'。逻辑是框架，让文章有条理。语言是装修，装得再华丽，没有好结构也是空中楼阁。"

当学生听到这个比喻后，立刻明白了为什么逻辑结构对于写作那么重要。

案例3：中国古代智慧和现代管理。

在中国古代，诸葛亮用"草船借箭"来借敌人的箭，这其实就是一种巧妙的资源整合策略。现在，企业管理中也有类似的方法——"杠杆思维",即通过借助外部资源,最大化自己的收益。这种类比能让现代人更直观地理解管理策略,甚至能在商业场景中灵活运用。

如何运用类比法?

①找到核心概念:确定你想解释的复杂知识点。

②寻找熟悉的事物:找一个大家都能理解的类比对象。

③突出相似点:说明它们的共同特征,让类比更具说服力。

④确保简单明了:避免让类比本身变得复杂,否则就失去了简化知识的意义。

● 小试牛刀 ●

试试看,你能用类比法解释以下概念吗?

- 人工智能 就像_____(比如"人工智能就像一个不断学习的学徒,越训练越聪明")。
- 经济周期 就像_____(比如"经济周期就像四季更替,有繁荣期,也有萧条期")。
- 记忆力 就像_____(比如"记忆力就像一座仓库,越常取用的物品越容易被找到")。

(2)用故事和案例,让观点更有说服力

在中国文化中,故事一直是传递智慧的重要方式。从《论语》到《资治通鉴》,许多古代经典都是通过故事来讲述深刻的哲理。例如:"愚公移山"这则寓言故事讲述了一位老人,即使面对巨大困难,也相信通过持续努力可以搬走一座大山。相

第8章 读写基础：提升阅读和写作能力的费曼小技巧

比直接告诉人们"坚持就是胜利"，这个故事更能激励人们在现实生活中遇到困难时保持信念。再如你想让别人理解"人生中的许多事情都具有两面性"的道理，若直接告诉别人"坏事也可能带来好结果"，听起来就像是"鸡汤文"，但换成"**塞翁失马，焉知非福**"这个古老的故事，人们反而更容易理解人生的变化无常，以及如何以平常心看待得失。

想想你是否有过这样的经历：看了一篇关于时间管理的文章，里面列出了各种高效工作的原则，比如"番茄工作法""四象限法则"，但你读完后还是不知道该如何实际操作。可如果文章讲了一个**真实的案例**——比如某个学霸如何利用时间管理提升成绩，如何从"学渣"逆袭成"学神"，你是不是会更容易理解这些方法的应用，并且更愿意去尝试？这就是故事的力量。故事的优势就在于它能让知识变成一种体验，而不是一串枯燥的理论。故事是大脑最喜欢的学习方式，它能让抽象的观点变得具体，让复杂的道理变得可感可触。费曼在普林斯顿大学读博士时，有一次，他去听了一场关于量子物理的演讲，台上的教授使用了很多复杂的数学符号和专业术语，让费曼听得一头雾水。等演讲结束后，他问导师："我根本没听懂他在说什么，这是不是因为我的数学还不够好？"导师却摇头笑着说："不，如果你听不懂，那不是你的问题，而是他没有真正理解这个概念。**真正理解一件事的人，应该能用最简单的语言，把它讲给外行人听懂。**"

要想让文章更有说服力，你可以尝试在写作中加入以下三种故事类型。

真实案例：用事实说话。如果你的文章是关于学习方法的，可以引用真实的学霸案例，真实案例能增强文章的可信度，让观点更具说服力。

> "2023年，高考状元张同学在采访中提到，他的学习秘诀是'用讲给别人听的方式复习'。他每天晚上都会在白板上讲解当天学到的知识，仿佛自己是个老师。结果，他的知识掌握度大大提高，最终考入清华大学。"

个人故事：用经历打动人。 如果你想写关于克服拖延症的文章，与其讲一堆理论，不如写下你自己的亲身经历，比如：

> "我曾经是个严重的拖延症患者，论文截止日期前一天才开始写，结果焦头烂额。但后来，我用'费曼学习法'改变了这一点——我每天用10分钟给自己讲解论文结构，把它拆解成小任务。结果，写作变得轻松很多，我甚至提前完成了任务。"

这种故事不仅让读者感同身受，还能让你的方法更具可操作性。

虚构故事：创造寓言式启发。 如果你在讲一个抽象的概念，比如"如何提高创造力"，你可以编一个有趣的小故事，这样的故事能让读者直观地理解你的观点，同时也增加了文章的趣味性。

> "有一个小镇，所有人都在用一模一样的杯子喝水，只有一个小孩决定自己动手做杯子。起初，大家都笑话他，但后来，他做的杯子越来越好看，甚至有人愿意花钱买。这个小孩的创新精神，改变了整个小镇的饮水方式。"

写作不是冷冰冰的理论堆砌，而是通过故事让读者产生共鸣。一个好的故事，能让你的文章有温度、有力量，让读者真正被说服，并在生活中实践你的观点！

• 小试牛刀 •

你能用一个故事解释以下概念吗？
- "为什么复习时讲给别人听更有效？"
- "如何克服拖延症？"
- "为什么阅读要结合思维导图？"

（3）用不同角度思考，让文章更深入

想象一下，你站在山脚下看一座山，和你站在山顶上看这座山，看到的景色是完全不同的。**文章的深度，就取决于你愿意爬多高，或者换多少个角度去看问题。**有时候，一个角度并不能揭示事情的全貌，而从不同的角度看待事情可以给你带来更全面的理解。例如：

"人工智能会取代人类工作吗？"

- **技术角度**：AI 发展迅猛，许多重复性劳动会被替代，比如客服、流水线工人。
- **社会角度**：AI 也可能创造新的岗位，比如数据标注员、AI 训练师。
- **伦理角度**：如果 AI 变得足够强大，人类是否应该设定限制？会不会引发隐私和安全问题？

如果只写一个角度，文章就很单薄，但如果结合多个角度，就会让人觉得"这篇文章真的有深度"。

一篇文章真正的价值，不仅在于提供信息，更在于它能否带领读者**换一个角度看问题**。大多数人习惯于单向思考，而真正有深度的写作往往能从多个视角切入，让读者看到更多可能性，甚至挑战他们原本的认知。举个例子：如果你要写一篇关于"努力是否一定会成功"的文章，你会怎么写？

- 如果你站在**个人奋斗**的角度，你可能会引用马云或乔布斯的故事，强调"只要坚持，就一定能成功"。
- 但如果你换到**社会公平**的角度，你可能会提到，有些人即使再努力，也可能因为社会资源分配不均而难以翻身。
- 甚至从**心理学**角度，你可以讨论"幸存者偏差"（Survivorship Bias）——我们往往只看到成功者，而忽略了那些同样努力但未能成功的人。

一个话题，从不同角度切入，文章的深度就完全不同。

费曼学习法＋多角度思考＝文章的思维跃迁。费曼学习法的核心之一，就是用简单的语言解释复杂概念。而要真正理解一个概念，最好的方法之一就是尝试从**多个角度**去讲解它。

角色转换：站在不同人的立场思考。如果你在写一篇关于"手机成瘾对人类的影响"的文章，可以尝试用以下几种不同的视角切入：

- **学生视角**：智能手机让学习变得更便利，但也容易让学生分心，导致学习效率下降。
- **家长视角**：孩子总是盯着屏幕，家长感到焦虑，不知道该如何平衡。
- **企业视角**：社交媒体平台通过"信息茧房"让用户沉迷，从而提高广告收益。
- **心理学视角**：多巴胺机制让人对手机产生依赖，成瘾机制与赌博类似。

当你尝试换位思考，文章就不会只是对表面现象的描述，而是深入挖掘不同群体的立场，让读者产生更强的共鸣和洞察力。

时间维度：过去、现在、未来的比较。历史是最好的对比素材。许多问题，如果放到历史长河中去看，就能发现有趣的模式。例如：

"教育的未来是什么？"

- **过去**：几十年前，教育以"填鸭式"教学为主，老师讲，学生听。
- **现在**：翻转课堂、在线教育兴起，学习方式更加多元化。
- **未来**：人工智能可能成为个性化导师，每个学生都有一套专属学习路径。

通过时间维度的对比，你不仅能让读者更好地理解某个现象的演变，还能预测未来趋势，让文章更具前瞻性。

学科交叉：借用其他领域的思维框架。最有创意的文章，往往是跨学科思维的产物。如果你在写"如何提高创造力"的文章，不仅可以从心理学的角度谈"发散思维"，还可以借用以下领域的视角。

- **神经科学**：大脑的神经可塑性如何影响创造力？
- **艺术**：毕加索的立体主义如何挑战传统视角？
- **商业**：为什么苹果公司的产品总能突破创新？

当你能将不同学科的知识融入文章，你的写作就会比普通的"百度式总结"更加独特、更具深度。

如何在写作中实践多角度思考？

步骤1：问自己"还有其他角度吗"。

在写文章时，先写下自己的观点，然后问自己："如果我是另一个人，会怎么看？""如果换个时代，结论会不会不同？"

步骤2：画一个"思维地图"。

把主题写在中央，周围分支写上可能具备的不同角度，然后选取最有趣、最有价值的视角进行展开。

步骤3：阅读不同领域的资料。

比如你在写"如何高效学习"，不仅可以看教育学的研究，还可以看看心理学、神经科学甚至哲学的观点。

当你能从不同角度拆解一个问题时，你就会发现，写作的乐趣不再是"凑字数"，而是像侦探一样，探索一个问题的各种可能性！

> **• 小试牛刀 •**
>
> 试着用不同角度分析以下问题：
> - "社交媒体对人类大脑的影响如何？"
> - "为什么有些人天生擅长数学？"
> - "未来的工作会是什么样的？"

8.2.2　写作素材：素材积累 ≠ 机械存储

写作是一种思维的输出，而高质量的输出必然依赖于丰富的输入。许多人写作时常常感觉"无话可说"，本质上是因为素材储备不足，或者储备虽有，但在关键时刻无法快速提取和运用。那么，如何构建一个高效、系统的知识体系，让我们在需要写作时源源不断地涌现灵感？这就涉及素材的积累、分类与转化。

素材积累的三大误区：你真的"收集"对了吗？

误区1：随手摘抄，不加思考。

许多人的"素材积累"停留在简单的摘抄阶段，比如看到一句金句就抄进笔记本，看到一篇好文章就截图保存。然而，这样的素材积累方式并没有真正"消化"素材，等到真正需要使用时，往往找不到合适的材料。

误区2：信息碎片化，找不到关联。

当代人的信息获取主要依赖手机和互联网，我们每天会刷到大量的新闻、论文、观点，但这些信息往往是孤立的，彼此之间缺乏关联，导致我们在写作时只能想起一鳞半爪，而难以构建完整的论述框架。

误区3：囤积素材，未转化为个人信息。

很多人积累了大量的书籍摘录、讲座笔记、论文摘要，却没有尝试用自己的语言总结和表达，导致即使积累了成千上万条笔记，仍然很难写出真正属于自己的文章。

如何构建属于自己的知识体系？ 要解决以上问题，我们需要借助费曼学习法的理念，让信息不仅仅停留在"存储"层面，还要经过**理解—简化—重述—关联**的过程，最终形成真正属于自己的知识体系。这里介绍一种三层素材积累法（见图8-2），帮助你将知识系统化，从而让写作更具深度和逻辑性。

第一层（输入）：系统记录素材，建立信息仓库。

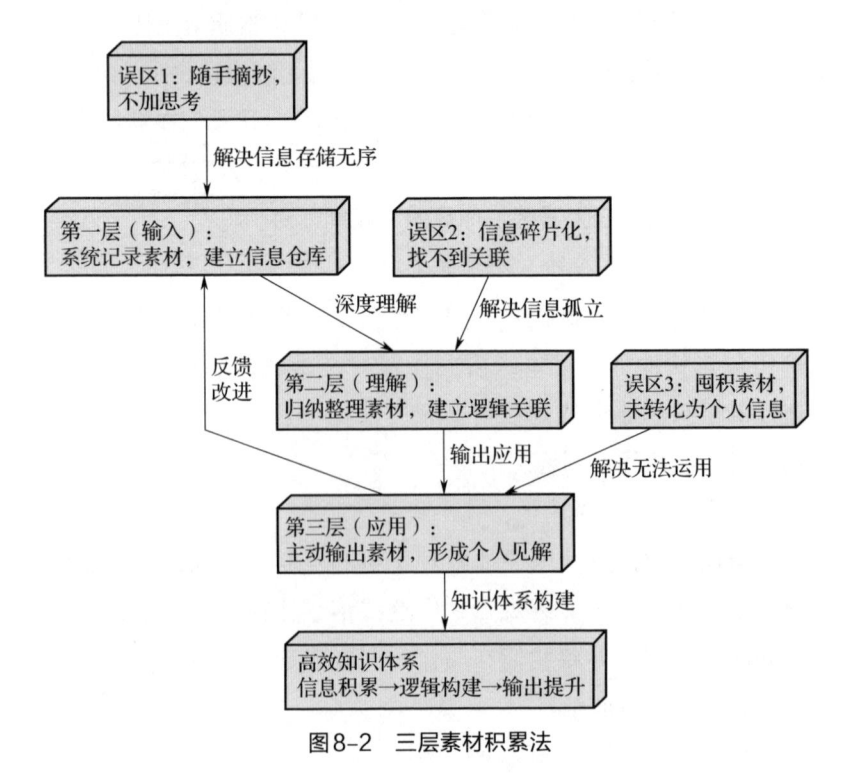

图8-2 三层素材积累法

这一层是素材的"原材料",我们可以通过多种方式来捕捉信息。

- **快速记录**——使用便笺、笔记软件或手写笔记,随时记录值得思考的观点。
- **主题归档**——每当读到有价值的信息,不是进行简单收藏,而是放入对应的分类,如"心理学""经济学""教育学"板块。
- **五感笔记法**——不仅仅记录文字,还可以用**图表**、**音频**、**思维导图**等多种形式储存信息,让素材更直观。

第二层(理解):归纳整理素材,建立逻辑关联。

积累了大量素材后,下一步是对信息进行深度理解和关联,使它们变得更具逻辑性和可用性。这里推荐两种方法。

费曼笔记法:用自己的语言解释。每当学习新知识或记录新素材时,尝试用最简单的语言解释,如果能讲明白,那说明你就真正理解了它。

● 小试牛刀 ●

✗错误示范(直接摘录):

"二语习得理论认为,学习者可以通过输入和互动习得第二语言。"

√**费曼式理解**:

"学外语就像交朋友,你听别人怎么说,然后模仿,再试着交流,慢慢就学会了。"

建立"知识网"：用思维导图连接不同领域的信息。一条信息如果是孤立的，使用时会很困难；但如果它与多个知识点产生关联，就会变得易用。这样，当你需要写一篇关于学习方法的文章时，可以随时调用这些关联信息，让写作更具深度。

● 小试牛刀 ●

你在学习"刻意练习"理论时，想到它与以下领域有关：
- **教育**：教师如何引导学生进行高效练习？
- **运动**：顶级运动员如何通过刻意练习突破极限？
- **写作**：如何通过不断修改文章提高写作水平？

第三层（应用）：主动输出素材，形成个人见解。

知识只有在应用时才能得到真正内化，因此，积累素材的最终目标是转化为个人见解，并通过写作、演讲、分享等方式输出。

"每日一问"反思法：

每天写下一个问题，并尝试用自己的理解回答。例如：

> Q：为什么费曼学习法比传统死记硬背更有效？
> A：因为它让学习者主动拆解知识，并用自己的语言表达，这比被动接受信息更能促进大脑建立连接。

这个练习不仅能帮助你巩固知识，还能帮助你积累大量可用的写作素材。

"一主题多角度"拆解法：

当你准备写一篇文章时，尝试用不同角度拆解主题，使文章更具深度。这种方法不仅让文章内容更丰富，还能让你训练自己的批判性思维。

> **● 小试牛刀 ●**
>
> （假设要写一篇关于"数字化阅读"的文章）：
> - **历史角度**：从竹简、印刷术到电子书，阅读方式是如何演变的？
> - **心理学角度**：数字化阅读是如何影响注意力和信息处理的？
> - **教育角度**：电子教材是否比纸质书更适合学习？

写作素材的积累，不仅仅是信息的囤积，还是一个从**输入→理解→输出**的动态过程。通过系统记录素材、归纳整理素材和主动输出素材，你可以逐步构建一个完整的知识体系，在需要写作时，不再是"东拼西凑"，而是形成自成一体、逻辑清晰、观点鲜明的内容体系。所以，下次你读到一篇有趣的文章、听到一个发人深省的观点，别只是"收藏"或"点赞"，**试着用自己的话解释，寻找它与你已有知识的联系，并最终通过写作输出自己的见解**。这样，你不仅会写得更快、更流畅，还能逐步培养出属于自己的写作风格和思维深度。

第 9 章

考试攻略：用费曼学习法轻松应考

无论是学生时代的考试，还是工作后的各种职业资格考试，我们往往会感到紧张甚至焦虑。很多人复习时囫囵吞枣，到了考场却发现，自己似乎记住了很多东西，却无法真正理解，更不会灵活运用。这正是传统"死记硬背"带来的弊端。但你有没有想过，考试其实不仅仅是记忆的考验，更是理解与应用的较量？这正是费曼学习法大显身手的地方。它的核心理念——"用简单的语言解释复杂概念"，不仅能帮你加深对知识的理解，还能让你在考试时自信作答。本章将探讨如何用费曼学习法备考，从如何高效梳理知识、模拟考试环境，到如何在考场上沉着应对，帮助你真正掌握知识，而不仅仅是为了应付考试。

9.1 考前准备：高效的做题技巧

费曼学习法的魅力不仅仅体现在学习新知识的过程中，更能在考试复习阶段发挥巨大作用。很多人在考前复习时会陷入一个误区：一遍遍地翻看笔记和教材，生怕遗漏任何细节，但到了真正做题时，仍然会卡壳、犹豫，甚至感到陌生。这是因为他们只是在"输入"知识，而没有足够的"输出"练习。考试不仅考查你对知识的掌握程度，更考查你在有限时间内如何高效应用这些知识。因此，我们不仅要"学会"，更要"会用"。本节将介绍如何用费曼学习法优化做题策略，结合**指读法**和**反推法**等技巧，让你在有限的时间内快速提取关键信息、提高解题速度，同时确保对知识点的真正掌握。

9.1.1 指读法、反推法结合费曼学习法：让你省时高效

考试前复习，最让人抓狂的是：明明觉得自己都会，可一做题就卡住；时间紧迫，题目读完一遍又一遍，还是抓不住重点。复习时滔滔不绝，考试时支支吾吾，仿佛知识在脑子里溜了一圈又跑了出去。这其实不是你不够努力，而是方法不对。刷题要讲究策略，掌握**高效做题技巧**，才能在有限的时间里把

分数最大化。今天，让我们一起来看看**指读法 + 反推法**，二者结合费曼学习法，帮你又快又准地抓住解题关键，让考试不再成为一场"手忙脚乱"的战斗。

指读法：让大脑专注，提高阅读与解题速度。你坐在书桌前，眼睛盯着题目，行行字像蚂蚁在纸上爬来爬去，脑子却像断电的机器，一片空白。你读完一遍，没有什么印象；再读一遍，还是不知道它到底在问什么。仿佛题目在说："我已经写得很清楚了，是你没在听。"

这不是你笨，而是你的注意力在偷偷"打盹"。

这个时候，不妨试试一个老派却有效的"神器"——**指读法**。顾名思义，就是用手指、笔尖，甚至手机壳的边角，跟着你正在读的文字轻轻滑动。听起来简单得像小时候读拼音书的方式，但它的作用远比你想象得强大。

为什么这么一个"低技术含量"的动作，反而能帮我们集中注意力？

因为它把**大脑的懒惰**拽回了现实。人的眼睛其实很容易"溜号"——有时候你以为自己在读，其实只是眼球在运动，思绪却早已飘到了其他地方。指读就像给眼睛装了导航，手指一动，眼睛就跟着走，大脑也被一并叫醒。而且，这种方法还能**提高你的阅读速度**。研究发现，如果我们光靠眼睛"飘读"，速度其实挺慢的。指读能帮我们形成节奏感，像跑步机一样"推着"我们往前走。你会发现自己不再被一句话卡半天，速度提升30%都不是神话。更甚，它还能帮你**减轻大脑的压力**。每次你读一道题，其实是在处理很多层信息：关键词、逻辑关系、陷阱选项……而指读法就像把这一大锅乱炖的材料，变成一道道分盘装好的小菜，一步步喂给你的大脑。你不必一口吞下整篇文章，而是专注地吃好每一口小菜。很多顶尖学生其实都有"用手指读题"的小习惯，他们不是在玩笔，而是在帮自己同步大脑、眼睛和理解力。这就像阅读界的"冥想训练"：一个动作不大，却足以让你从混乱中提取清晰，从走神中回到重点的练习。所以，下次再碰到一道让你抓狂的题目，不妨用手指试一试。你会惊讶于这个小动作，居然能让你读得更快、想得更清、答得更准。

如何正确使用指读法？

- **用笔尖或手指引导阅读**：读题时，轻轻用手指或笔尖沿着文字移动，让眼睛跟着走，别跳行、别回读，保证阅读流畅。
- **快速标记关键词**：数学题里，圈出数字、单位、特殊条件；阅读理解里，画出转折词（但是、然而），让大脑第一时间锁定关键信息。
- **分段理解，边读边思考**：别一口气从头读到尾，而是每读一句就问自己："这句话到底在说什么？"这样能更快抓住题目核心。

• 小试牛刀 •

- 数学应用题、物理计算题——快速筛选条件，不浪费时间。
- 长题干的阅读理解题、逻辑推理题——让大脑专注信息，不被细节干扰。
- 高强度考试（高考、托福等）——时间宝贵，每秒都要用在刀刃上。

反推法：从答案出发，反向拆解解题思路。考试里有个大坑：有些题你做不出来，但看完答案后，觉得它"其实很简单"……但换个题目，你又不会了！这说明，你只是"被动接受"答案，而没有真正理解解题的思路。

所谓反推法，就是先把正确答案放在眼前，像倒带一样，从结果一路推回出发点，看看标准解法是如何一步步解出来的。就像你站在终点，回头看看那些陷阱是怎么一步步安排好的，哪些地方是故意让你走偏的。很多时候你会惊讶地发现：哦，原来出题人每次都爱在这儿挖坑，我怎么总是踩进去？

反推的妙处就在于——它能让你看清"套路"。

别误会，"套路"不是贬义词。在考试世界里，"套路"其实是结构，是方法，是隐藏在题目背后的出题逻辑。一旦你能从反推中发现这些规律，就相当于拿到了题目的"说明书"。以后看到类似题型，你的大脑不再是"嗯……我好像见过"，而是"好的，这又是那种变相设置条件的陷阱，我懂！"更重要的是，反推法能帮你抓住自己的"思维漏洞"。

我们常说：错题最值钱。但如果只是机械地抄一遍错题、记住答案，那根本没意义。真正有价值的是反推——把你错的地方抽丝剥茧地推回去，找到是哪一步出了差错。也许你漏看了一个"且"字，也许你习惯性地套错了公式。只有你亲手解剖过自己的错误，才能在下一次，**对准问题开枪**，而不是继续向错误方向开火。很多学霸复习不是刷题刷得多，而是刷题刷得"深"。他们做一道题，可以花几分钟检查"做得对"是不是"想得对"。甚至反推五遍，直到自己能倒着讲出解题路径，才算真正吃透。所以别再盲目狂刷题了，题目不是拿来"填充

203

时间"的,而是拿来"拆解自己"的。反推法,才是你真正理解考试、理解自己的那把钥匙。

如何正确使用反推法?

- **先看答案,思考它是怎么得出的**:别急着翻看解析,先自己琢磨答案背后的逻辑,试着用自己的话解释。
- **倒推解题过程,找出每一步的核心知识点**:拿一道数学题举例,你要问自己:"这个步骤是怎么来的?需要用到哪个公式?"
- **把复杂问题拆解成小问题**:费曼学习法强调"用简单的语言解释复杂概念",在反推时,也可以用这一点。把解题步骤用通俗易懂的话复述出来,比如:

    ×机械记忆:这道题要用勾股定理。

    √深度理解:因为题目问的是直角三角形的边长关系,所以要用勾股定理。

- **最后,自己重新做一遍**:反推只是第一步,最终你要靠自己完整地解出这道题,这样才能真正掌握它。

• 小试牛刀 •

- 错题分析——找出错误的根源,避免下次再错。
- 复杂计算题、推理题——训练逻辑思维,让思路更清晰。
- 考试冲刺复习——快速整理解题套路,提高应试能力。

指读法 + 反推法 + 费曼学习法:三件套在手,考试高分我有。如果说考试是一场信息处理的马拉松,那大多数人输得并不是跑不动,而是压根没掌握正确的跑法。真正的学霸,不是背得多,而是用得巧。他们手里有三件"秘密武器":**指读法、反推法、费曼学习法**。这三招合起来,就是考试提分的黄金组合。

你可以把**指读法**想象成一个"信息加速器"。在考试这种限时赛中,每一秒都很宝贵。你必须让眼睛像导航仪一样,精准地引导注意力,快速定位题干中的关键词,避免眼神飘忽、思维开小差。用手指或者笔尖"带路",就像你在地图上沿着一条线走路,而不是盯着整个城市乱晃。结果就是阅读提速,理解更快,脑袋也不容易"宕机"。可仅仅读懂题目还不够,接下来就要用到**反推法**。做题不是在"表演",而是在"解谜"。学会从答案倒推过程,等于你有了出题人留下的"通关秘籍"。从结果一步步往回推导,你会发现:原来这类题每次都在这儿挖坑;这一步如果没掌握牢固,后面肯定歪楼。就像你在迷宫里学会了看地图,不再是四处乱转,而是一步一算,路径清晰。

那么,费曼学习法又扮演了什么角色呢?它就是那座连接"读懂"和"做对"的桥梁。读得快、推得准,还得**说得清**。费曼学习法的魔力就在于:你得用"自己的话"把题目的意思、思路、答案**讲给别人听**。这时候,你就会知道自己是不是装懂。你可能一开始讲得磕磕绊绊,没关系,这正是发现理解知识漏洞的最佳时刻。一旦你能顺畅地讲出来,说明这个知识点已经真正**印在你的脑子里**了。

三者合一,是什么效果?

考试变成了你展示实力的舞台,而不是碰运气的赌局。从今天起,别再靠"多刷题"堆叠安全感了。聪明的人,都会选择"效率工具三件套"：指读提速，费曼拆解，反推检验。只要你把它们用顺了，取得高分真的不再是遥不可及的梦，而是水到渠成的结果。

9.1.2 计时练习：避免"题海战术"的浪费

在考试复习的过程中，很多人误以为"做得越多，掌握得越好"，于是沉迷于"题海战术"，每天刷几十甚至上百道题。但你是否发现，做了那么多题，成绩却提升有限？明明做过类似的题目，考试时还是会错？

问题不在于"做得不够多"，而在于"做得不够精"。

费曼学习法强调高效学习，而不是盲目重复。通过"计时练习"，你不仅可以提升做题速度，还能提高思维精准度，真正做到"少而精"，用最少的时间收获最大的提升。

题海战术的三大陷阱：

- **机械重复，没有思考。** 很多人做题时，只是在机械地抄答案，而没有思考解题的逻辑。这就像健身时只关注"举起了多少次哑铃"，而不关注"动作是否标准"。如果不理解解题思路，即使做再多题，也只是"手速快了"，而不是"思维变强了"。
- **没有时间压力，答题速度难以提升。** 现实考试中，时间往往是最大的敌人。有些人复习时可以慢慢推理，考场上却因为时间紧张而手忙脚乱。这是因为他们习惯了"悠闲刷题"，却没有进行在"有限时间内高效思考"的训练。

- 题目做得多，但不会总结。有些人一天能做100道题，但一周后回顾，却发现自己只真正记住了10道题。这说明，他们缺乏有效的总结和归纳，导致复习效率极低。

计时练习：让每一道题都成为"精准训练"。要想高效提升成绩，我们需要"计时+思考+总结"的练习方法，而不是无脑刷题。

- 设定"考试时间感"。
△ 给自己设定一个"答题时间上限"，如5分钟做3道题、10分钟做一组填空题等，强制自己在限定时间内完成。
△ 练习过程中，使用倒计时功能，模拟真实考试环境。
△ 如果超时，先不看答案，而是分析自己为什么做得慢，是思路卡壳，还是计算速度不够快？
- "三步计时法"：逐步提升速度。

第一轮：不计时，确保理解。初次做题时，不要计时，重点是弄清楚解题思路。

第二轮：限时训练，提高速度。限定时间，模拟考试环境，训练解题效率。

第三轮：超速挑战，增加应变力。再缩短时间，训练极限速度，让大脑适应高压状态。

- 训练"秒杀题"能力。

在考试中，有些题是可以快速解答的，而有些题则需要深度思考。通过计时练习，你可以学会识别哪些题目适合快速解答，哪些题目需要投入更多时间，从而合理分配考试时间。

费曼学习法+计时练习:学会在短时间内解释解题逻辑。费曼学习法的核心是用最简单的语言解释复杂知识,而在考试中,我们需要做到:用最少的时间,找出解题思路,并迅速输出答案。

在计时练习后,可以做一个"一分钟解题复盘"。

- 如果有人问你这道题怎么解,你能在1分钟内讲清楚吗?
- 你能不用专业术语,而是用最简单的语言解释解题思路吗?
- 如果你要出一道类似的题目,你会怎么改?

如果你无法清晰解释这道题,说明你的思维还没有真正吃透,需要回去复习相应知识点。

计时练习+错题归纳:避免重复犯错。仅仅做题还不够,我们要确保"每一道错题都能变成下次考试的得分点"。

- 建立错题反思表(见表9-1)。

表9-1 错题反思表

题目类型	时间超限?(是/否)	错误原因	改进方法
数学计算题	是	计算过程出错	提前列好解题步骤,减少慌乱
阅读理解	否	关键词定位不准确	练习快速找到关键信息
逻辑推理	是	思维跳跃,推理过程缺失	强化逻辑链条训练

- 每周总结，找到最耗时的题型。
- △ 复盘自己在哪类题目上花费时间最多，进行针对性训练。
- △ 如果某一类题目始终耗时较长，说明需要强化知识点，而不仅仅是练习。

如何避免"题海战术"带来的焦虑？很多人在备考时会具有"我是不是做得题还不够多"的焦虑感，实际上，真正重要的是做题的质量，而不是数量。

- 不"低效重复"，要"有效归纳"。做一道高质量的练习题，胜过十道随便刷的题目。
- 不"无脑刷题"，要"主动思考"。每做一道题，都问自己"我为什么这样解？"
- 不"盲目计时"，要"分层训练"。先确保理解，再练速度，最后挑战极限。

当你掌握了**计时练习+费曼学习法**的高效策略，你会发现，备考变得更有针对性，做题效率大幅提高，考试时的应对能力也更加强大。

9.1.3 错题是你最好的老师：用费曼学习法把每一道错题变成得分点

在考试复习的过程中，很多人都有这样的经历：做了一套试卷，发现错了一堆题，然后就随便看一眼答案，把错题抄在错题本上，以为这样就"复习"了。但到了下次考试，同样的题目可能还是不会做，甚至连思路都不记得。为什么？因为这不是有效的学习，而只是机械地记录错误。

真正高效的错题复盘方式，不是简单地记住答案，而是用**费曼学习法**把每一道错题都变成你的"私人导师"，逼迫自己深入理解其中的知识点和解题思维。

第一步：错题归类，找到真正的"拦路虎"。很多人在整理错题时，喜欢把所有错题混在一起，结果复习时面对一大堆五花八门的错题，既没头绪，又没动力去攻克。正确的方法是，把错题按**错误类型**进行分类，让自己一眼就能看出自己最容易在哪个环节出错。

可以将错题分成以下几类：

- **知识漏洞型**：这类错题的根源是你根本不理解知识点，比如数学中的某个公式推导，或者英语中的某个语法规则。这说明你需要回归教材，补齐基础。
- **思维误区型**：这类错题通常是你对某个概念理解片面，导致思考方向出错，比如历史题中误把"结果"当作"原因"，或物理题中混淆"速度"与"加速度"的概念。
- **审题失误型**：这类错误往往是因为粗心，比如单位换算没注意、看错数据、题目问的是"最大值"但你算的是"最小值"等。
- **运算失误型**：出现在计算类科目，比如数学、化学等，计算过程本身没问题，但手算错了、漏写了步骤，甚至抄错了数值。

- **时间紧迫型**：这类错误是因为考试时做题节奏没掌握好，导致最后答题时间不够，匆忙作答时出现错误。

● 小试牛刀 ●

建议用表格或颜色标注不同的错误题目类型，比如用红色标注知识漏洞型错题，用蓝色标注审题失误型错题，这样在复习时，可以一目了然地知道自己该重点攻克哪个方面。

第二步：用费曼学习法"教"自己，深挖每一道错题。很多人整理错题的方法是：抄题目 → 抄答案 → 结束。但真正高效的方法是：用费曼学习法，像"教别人"一样，把错题讲明白，才能确保自己真正理解。

具体做法如下：

- **自己给自己出题**：不要只是看一眼题目，而是要主动思考："如果我是老师，这道题我会怎么问？有没有更简单或者更难的变化？"
- **自己给自己讲解**：拿出白纸或 iPad，把这道题从**最基础的概念**开始讲解，就像给一个完全不懂这个知识点的小朋友讲一样。
- **画出解题思维图**：用流程图、思维导图，画出自己是怎么思考这道题的。比如数学题，可以用箭头标注解题思路，英语阅读理解题可以用框架分析出错的逻辑。

- **找出自己的思维漏洞**：如果讲着讲着卡住了，说明你对某个知识理解得不够深入，回到课本或笔记去查漏补缺。
- **改编题目，主动练习**：自己出一两个变式题，把错题的知识点进行灵活运用，比如数学题换个数字再做一遍，英语题改写成另一种句式，历史题尝试从不同角度分析。

• 小试牛刀 •

在错题本上，不只是抄答案，而是写下"这道题考查了什么知识点？我为什么错？我该如何用一句简单的话讲明白它？"。

第三步：建立"错题复盘日"，让错题真正转化为得分。很多人有错题本，但从来不翻，因为一本本记满错题的笔记本，看起来就像考试噩梦的集合，谁都不想碰。但错题的真正价值，不在于"记录"，而在于"反复复盘"。

一个高效的错题复盘机制可以是这样的：

- **每天5分钟，快速浏览错题**：把错题翻一遍，看看哪些知识点自己已经掌握，哪些还需要再复习。
- **每周一次，重点攻克难题**：挑出最有挑战性的错题，重新做一遍，确保自己能独立解答。
- **每月进行错题测试**：把之前错过的题目随机抽取一部分，定时限做一遍，看看自己是否真正掌握。

> **• 小试牛刀 •**
>
> 你可以用**番茄钟**设定25分钟错题复盘时间,然后奖励自己5分钟的休息时间,这样既高效,又不会有抵触情绪。

如果你能做到这三步,每一道错题都会变成你下次考试的"送分题"。最好的学习方式,不是避免错误,而是让错误助力你的成长!

9.2 考场表现:费曼学习法帮你调整心态

你有没有遇到过这样的情况:平时做题顺风顺水,一到考试就手心冒汗、脑袋一片空白,甚至连最简单的概念都突然忘记了?这并不是因为你不够努力,而是因为考试不只是对知识的考查,更是一场对心理与认知的双重挑战。你需要的不只是会做题,还要会调整状态! 费曼学习法不仅能帮你更高效地学习知识,还能在关键时刻让你的大脑保持清醒,让你在考场上不被情绪左右,稳定发挥真实水平。接下来让我们来聊聊——如何用费曼学习法巧妙缓解考试焦虑,让你在考场上做到冷静、专注、自信!

9.2.1 考前缓解紧张的实用技巧

在考试前,许多人都会经历心跳加速、手心出汗甚至大脑一片空白的情况。这是因为**焦虑会让你的大脑进入"战斗或逃跑"模式**,本该用于逻辑思考的资源被调动去应对"危险",让你难以集中注意力。**但你有没有想过?焦虑本身并不是坏事!**适度的紧张可以提高你的专注力,关键是如何引导它,让它成为你的助力,而不是阻力。这时候,费曼学习法可以派上大用场——它不仅是一种学习方法,更是一种帮你厘清思路、稳定心态的思维工具!

方法一:考前"模拟教学",用费曼学习法和自己对话。 在考试前的最后几天,许多学生会疯狂刷题,试图把所有知识再过一遍。但这样做往往会适得其反,因为短时间内的大量信息输入,可能会让大脑产生混乱感,导致考试时更加紧张。费曼学习法的核心原则之一是:"如果你能用简单的话讲清楚,那说明你真的理解了。"在考前,你可以假装自己是老师,把考试重点讲给自己听,或者用录音的方式把讲解录下来,再回放听听自己讲得是否清楚。

这招为什么有效?

- **减少焦虑**:你会发现自己其实已经掌握了大部分内容,这会让你减少焦虑,更有信心。
- **强化记忆**:比起被动阅读,主动讲解更容易让知识在大脑中得到强化。
- **暴露盲点**:讲不清楚的地方,正是你需要重点复习的地方!

• 小试牛刀 •

选一个核心概念,比如数学的某个公式,或历史中的一个重要事件。

用自己的话解释,想象自己在给小学生讲解。

发现不清楚的地方,回去查书或笔记,再尝试重新讲解,直到能够用最简单的语言说明白。

方法二:倒着思考,让大脑从"焦虑模式"切换到"理性模式"。 费曼学习法的一个重要技巧是反向思考(逆向推理),它不仅适用于学习,还可以帮助你缓解焦虑。

当你紧张时,试着问自己:

"如果我发挥失常了,最坏的情况是什么?"
"如果这次考试失败了,会影响我的人生吗?"
"我之前遇到过类似的情况吗?我是怎么应对的?"

这招为什么有效?

- **减少恐惧感**:你会发现,真正最坏的情况其实并不可怕。
- **让理智接管大脑**:当你用逻辑去拆解焦虑时,情绪自然会稳定下来。
- **找到解决方案**:回顾过去成功应对压力的经历,能让你更有信心。

● 小试牛刀 ●

- 在考试前的一天，找一个安静的地方，闭上眼睛，深呼吸几次。
- 想象自己考试失败了，然后问自己："这真的有那么可怕吗？"
- 想象自己成功地应对了紧张（比如回忆某次你本来很紧张但最终顺利完成的事情）。
- 告诉自己："我已经准备好了，最坏的情况也不会毁掉我的人生。"

方法三："压力释放笔记"——把焦虑写下来，让大脑放松。

你有没有发现，有时候把烦恼写下来，心情瞬间会轻松很多？研究表明，书写可以帮助大脑整理思绪，减少负面情绪的影响。

如何用费曼学习法写"压力释放笔记"？

- 用简单的语言描述你的焦虑，就像你要教一个小朋友什么是焦虑。
- 拆解你的担忧，找出它背后产生的原因。
- 写下具体的应对方案，比如写下"如果考试中卡壳了，我可以先跳过这道题目，做完其他题目再回来"。

● 小试牛刀 ●

- 在考试前一天，找一个安静的地方，拿出纸笔（或用手机笔记）。
- 用最简单的语言写下："我担心的事情是……因为……"
- 继续写："如果真的发生了，那我可以……"
- 最后写一句鼓励自己的话，比如："我已经尽力了，我相信自己能做好。"

方法四：考前5分钟进行"费曼回顾"，让大脑进入最佳状态。考前最后几分钟，不要再急着翻书，而是**利用费曼学习法做一个快速回顾，让大脑进入考试模式**。你可以做以下这些事情：

- 选出3个最重要的考试概念或公式。
- 用自己的话快速解释它们（可以在脑海里默念，也可以小声自言自语）。
- 如果发现某个概念记不清楚，就简单回忆一下，而不是焦虑。

考试不仅仅是知识的比拼，更是心态的较量。当你掌握了这些费曼学习法技巧，就能在考场上保持冷静，发挥出自己真正的水平。记住，考试的成败不取决于紧张，而取决于你的准备和心态！

9.2.2 克服粗心，提升答题准确性

粗心是许多考生在考试中失分的主要原因之一，甚至是"高分低能"的终极绊脚石。当你复习得很充分，但考试时却因为马虎而丢分，那种懊悔和不甘，简直让人想拍桌子！那么，如何用**费曼学习法**来减少粗心，提高答题准确率？这并不是靠"多检查几遍"这样模糊的建议，而是要针对不同类型的粗心问题，用科学的方法来精准打击！

什么是"粗心"？找准你的"症结"！我们常说"我就是太粗心了"，但实际上，粗心分为**不同类型**（见表9-2），只有找

准问题,才能精准改进!

表9-2 常见的粗心类型

粗心类型	表现	费曼学习法破解思路
眼误型粗心	看错题目、数字、单位,导致计算或理解错误	让自己用**费曼学习法**重述题目,确保自己完全理解
思维跳跃型粗心	没读全题,看到熟悉的关键词就直接作答	用**逻辑拆解法**,训练自己按步骤推理
书写型粗心	书写太快、公式写错、填涂错误	**模拟教学法**,训练自己把解题思路说出来
检查懒惰型粗心	觉得自己答对了,就不认真检查	**反推法检查**,从答案反向推理回去

用费曼学习法精准打击你的粗心。现在,我们用费曼学习法的四个核心步骤,一一对应地来解决这些问题。

用"儿童式提问"破解眼误型粗心。一道题你看着很简单,答案一眼就选出来了,自信满满。结果一对答案,居然错了!回头一看才发现,题目里明明写的是"每小时",你却看成了"每分钟";或者单位是"千克",你脑子里却自动换成了"克"。这不是你不聪明,而是大脑开了个小差——你**以为自己看懂了**,但其实只是"扫"了一眼题干,就开始自动补全、想当然地解题。我们把这种情况叫作"眼误型粗心"。费曼学习法在这里就派上了用场。它的第一步是:"**用简单的语言解释一个概念**"。这听起来简单,做起来可没那么容易,尤其是在考试这类高压环境下。但正因为难,才需要训练。

那我们怎么训练呢?很简单:**装小孩**。

没错,你要假装你面前坐着一个五岁的小朋友,你必须用最通俗的话把这道题讲一遍。如果你发现讲到一半卡壳了，或者发现自己讲着讲着才意识到"我刚刚没注意单位"，恭喜你，你已经在"重新认识题目"。你的大脑不是在"看题"，而是在"咀嚼题意"——这是两种完全不同的状态。

具体操作起来可以这样练：读题时，别急着动笔，先把**题目口头转述一遍**。

> "这题是在问什么？"
> "有哪些数字和单位？"
> "它的核心关键词是什么？"

这一步像是在给大脑"校准镜头"，让你聚焦在真正重要的信息上，而不是被表象误导。

看似多花几秒，其实是在节省大量"返工"的时间。真正的高手不是做得快，而是**做一遍就对**。而"儿童式提问"，就是你通往高分的第一块垫脚石。

用"逻辑拆解法"克服思维跳跃型粗心。有时候，粗心并不是因为你看漏了题目，而是因为你看得"太快"了。一看到类似的题型，你的脑子像按了"快捷键"一样，直接跳过中间步骤，"啪"的一下跑到答案去了——结果很可能"啪"的一声就错了。

我们把这种状况叫作思维跳跃型粗心。这种粗心，听起来像是聪明人的通病——因为你见得多了，自以为"我知道怎么做"，于是省略了解题中一些"看起来不重要"的步骤。但考试的残酷之处就在于：只要你漏了一步，结果就可能全错。这时，费曼学习法的第二步可以派上用场：**"把过程拆解成逻辑链"**，在内心简化重述。简单来说,就是用"如果……那么……"的结构,一步一步把题目拆开,像搭积木一样,每一步都清清楚楚,看得见、摸得着。

举个例子,假设你在解一道几何题,你看到角度和边长就想:"这不就是那个定理嘛?"然后直接写出了结论。可真正应该做的是,在脑子里或纸面上过一遍:

> 如果这个角是直角,
> 那么根据××定理,这条边就是斜边,
> 如果斜边长度是10,
> 那么对边长度可以用勾股定理求出……

你看,每一步都说得很清楚,"如果……那么……",**像是和自己进行了一场逻辑对话**。这样一来,你的大脑就不会"偷懒",也不容易在关键点上出错。

你还可以训练自己写下**每一个推理或者计算步骤**,哪怕它看起来"太简单"。这不是浪费时间,而是**建立思维轨道**,一旦养成这种"逐行拆解"的习惯,你在考场上的做题正确率会大幅提升。

别忘了,高手从来不是做得快的人,而是做得稳的人。**慢慢做,才能较快地做对**。所以,下次遇到"我好像会"但又不太敢确定的题目,别跳步骤,先问问自己:"如果这一步成立,那么接下来……"当你能像工程师那样,把一道题**拆成一串因果链条**,那就会摆脱粗心。

用"模拟教学法"解决书写型粗心。在我的日常教学中常常遇到这样的学生:不是把答案写错了地方,就是漏填了答题卡。

结果只能流泪惋惜。遇到这类失误，他们的第一反应是："唉，我太粗心了。"但其实，这不是粗心，而是**写得太快，脑子还没跟上手**。这时候，费曼学习法的第三步来了：**假装自己是老师，给别人讲一遍解题过程**。我们把这叫作**模拟教学法**。

别小看这一步，它不是心理安慰，而是一种极强的认知校准工具。当你"扮演老师"时，你的思维会自动切换到"表达者"的频道——为了讲清楚每一步，你会更仔细地检查自己是否真正理解，是否写对了。

试想这样的情景：

> 你不是在答题，而是在"上课"。你对着空气说："第一步，根据已知的 $x=5$，我们代入公式 $y=2x+1$……"
>
> 然后你一边说，一边慢慢写下答案，就像黑板前的老师一样，你的笔不再是乱涂的，而是在"展示知识"。

这时，大脑就会和手眼更紧密配合，你会发现公式不容易写错了，计算也更严谨了。另外一个小技巧：**写关键公式时，默念出来**。哪怕只是嘴巴动动，不出声，也能大幅提高注意力和准确率。

而针对答题卡填错位的问题怎么解决呢？可以先在草稿纸上演练一遍答题卡填写，然后再转移到正式答题卡上。你是在排练，不是在赌博。就像一个演员彩排一样，越熟练，越不会出错。做题的时候，请你暂时放下"考生"身份，穿上"老师"的外套，用讲课的姿态去解题。

你会发现，当你开始"教授"别人时，才真正把题做对了。

用"反推法"应对检查懒惰型粗心。你是不是也有过这种

"伪检查"时刻？

答完一套卷子，翻回去"检查"时，大多考生会草草扫几眼，看答案还在，心里默念一句"嗯，没问题"，然后潇洒合上试卷。结果一出分，才发现，明明可以多得几分的题，居然错在自己"眼睛看见了，脑子却没用"。这不是粗心，是你高估了自己的检查力，低估了惯性思维的欺骗性。那么，有没有一种更聪明、更有效的检查方式？当然有——费曼学习法的第四步：反推回顾，找漏洞。我们叫它"反推法"，它的核心不是"看答案"，而是倒着回顾一遍解题思路，看看是不是每一步都踩在实地上。

> 想象一下，你刚解出答案是"$x=5$"。

别急着把5画上红框！你要做的是：把这个"5"当成起点，重新代入题目，从结果回推条件，像倒带一样审视每一步。如果过程里出现任何卡顿、不通顺，恭喜你，你刚刚捡回了本来会丢掉的分数。

再进阶一点：换个方法再做一遍。比如一道几何题你用角度求出来的答案，那这次就试试用面积关系来验证。当两个方法得出相同的结论，那份"心安理得"，才是真的安全。

为什么这招这么有效？因为它强迫你从不同角度看问题，打破思维惯性。你以为你理解了，其实只是"习惯性认同"；你以为你检查过了，其实只是"形式主义式点头"。反推法，就像一个内置的"质量检测器"，帮助你发现那些潜藏在"我觉得我做对了"的自信底下的小漏洞。

结尾送你一句话："自信不是说'我应该没错'，而是你能一步步走回头路，告诉自己——'我确信我对'。"

费曼学习法的核心理念是——用最简单的方法，让思考变得扎实。当你能用自己的话清晰表达思路，确保每个步骤都有逻辑支撑，那么考试中就不容易出错！从今天开始，不要再让"粗心"成为你的敌人！

第10章

数字时代的费曼学习法——如何用AI和科技工具辅助学习

在数字化浪潮下,学习方式早已发生了颠覆性变革。传统的纸笔学习已不足以满足现代学习者的需求,而人工智能(AI)与各种科技工具正让费曼学习法变得更高效、更个性化。本章将探讨如何将AI与科技工具融入费曼学习法,使学习变得更加智能、有趣且富有成效。

10.1 数字时代如何改变学习?——从"记忆驱动"到"智能辅助"

过去,学生学习一门课程,通常是听老师讲解、抄笔记、做练习,然后靠反复记忆来掌握知识。整个过程往往是线性的、单向的,我们更多是被动接受学习。而现在,AI 时代的学习方式则更加多元,学生可以通过互动式学习、个性化学习、智能反馈等方式,让学习变得更加主动和高效。

◉ **传统时代的学习特点:**

> 线性获取知识(课本、老师讲解)。
> 以死记硬背为主。
> 反馈滞后(考试后才知道自己掌握得如何)。

◉ **AI 时代的学习特点:**

> 　**非线性获取信息**(随时随地获取所需知识,如 DeepSeek、短视频讲解)。
> 　**智能辅助理解**(AI 可以实时解答疑问、提供个性化讲解)。
> 　**即时反馈**(AI 可以检测学习盲区,提供针对性练习)。

换句话说,AI 时代的学习更像是一次**个性化探索之旅**,而不是单向的信息输入。有了 AI，我们获取信息的方式变得更加便捷，但问题也随之而来——信息的碎片化让很多人感到焦虑。试想一下：你想学费曼学习法，打开搜索引擎，结果跳出几十万条相关文章、视频、播客、论坛讨论……你该从哪里开始？哪个信息最靠谱？如何把这些零散的信息整合成自己的知识体系？这正是现代学习者面临的最大挑战：**信息过载，知识碎片化，缺乏系统性。**

我们生活在一个信息如潮水般涌来的时代，眼前充斥着短视频里的快节奏教学、微信公众号上的"十分钟掌握××技巧"、社交媒体里碎片化的知识小贴士。每一天，我们都可能在刷手机的间隙"学"了很多，可一转身，却什么也讲不出来。信息进了脑子，却没有留下痕迹。大脑仿佛成了一块光滑的玻璃，信息来了又走，什么也粘不住。这并不是因为我们不努力，而是因为我们常常陷入了一个误区：以为接触了很多信息，就是掌握了知识。但真正的学习，不是信息的堆积，而是意义的提炼与结构的建构。信息如同原材料，而知识才是我们通过主动加工、拆解、组织之后构建出来的东西。就像鲁迅说的："哪里有天才？我是把别人喝咖啡的工夫都用在工作上的。"在学习这件事上，天赋不如方法重要，而方法的背后，是选择和整合的能力。

要在信息的洪流中站稳脚跟，首先我们必须学会**有所不学**。我们需要从无限的信息池中主动筛选出那些值得学习的内容，比如经过时间验证的经典书籍，或结构完整、逻辑清晰的优质课程。这就像逛菜市场时的主妇，她不会被摊位上的花哨吆喝所迷惑，而是径直走向那家她信任已久的老店，知道那里永远能买到新鲜、实在的好东西。而当筛选的内容越来越多，我们便进入了"整理"的环节。这时候，人工智能成了我们手中的好帮手。借助AI，我们可以将散乱的学习笔记汇总成结构化的图谱，把一本书的核心观点提炼成简洁的摘要，甚至让语言模型帮我们检测思维逻辑中的漏洞。这就像过去人们用算盘计算，现在我们借助计算器。AI不是取代了我们，而是解放了我们，让我们把更多的注意力放在理解和创造上。

但仅靠整理信息仍不够，真正的关键在于：如何让知识"住"进大脑，变成你思考的一部分？这就轮到费曼学习法登场了。你要像一个老师那样，试着用最简单的语言，把复杂的概念讲清楚。讲给谁听？不一定非得是别人，你可以讲给你自己，讲给猫听也可以。只要你能讲出来，就说明你真的理解了。讲不出来？恭喜你，你刚刚找到了一个知识盲区。

这个过程，就像是把一盘散沙握成一块砖——先筛选，再压实，再建构。AI负责辅助我们收集原料、分析成分，而费曼学习法则是我们动手施工的指南，把这些看似杂乱无章的信息，真正转化为可用、可讲、可迁移的知识网络。所以，别再焦虑于自己"学不过来"。当你开始主动筛选信息，用AI工具梳理脉络，再借助费曼学习法把知识讲出来、用进去，你就不再是信息的过客，而是知识的主人。

这正是AI时代学习者必须掌握的一项新技能：如何在海量信息中构建自己的知识体系，而不是被动接受碎片化信息。这时候，费曼学习法的价值更加凸显——**不是简单地记住知识，而是通过解释、简化、重构的过程，让知识成为自己的一部分。**

10.2 让 AI 成为你的费曼教练：如何利用人工智能辅助讲解？

费曼学习法的核心之一是"用自己的话解释"，但并不是所有人都能随时找到愿意听你讲解的朋友或同学。好消息是，在 AI 时代，我们可以让人工智能充当"费曼教练"，帮我们优化讲解、检查理解漏洞，甚至生成个性化的学习材料，让学习变得更加智能高效。

当你向 AI 提问时，它通常能在几秒钟内给出一些条理清晰、逻辑严谨的解释，这让人不禁好奇：AI 的讲解是不是比我们自己讲得更好？

的确，AI 拥有海量的知识储备，能够迅速检索、整合信息，并可以用不同风格解释同一个概念。你可以让它"用五岁孩子能听懂的方式"讲解相对论，也可以让它用足球比赛比喻时间膨胀，它的表达方式多样，几乎不会遗漏关键点。相比之下，我们自己讲解时，可能会忘掉某个细节，或者表达得不够精准。

但问题在于——被 AI 讲明白 ≠ 你真的理解了。

如果你只是让 AI 解释，而自己不去重述、不去讲解，那么你只是在"听课"，并没有真正掌握知识。而费曼学习法强调的是"用自己的话讲出来"，只有这样，你才能发现自己是否真的理解了这个概念。

所以，真正的学习方式应该是这样的：先让 AI 讲解，然后你用自己的话重新讲一遍,最后让 AI 复述你的讲解,看看它能否准确理解你的意思。如果 AI 能够正确复述,那说明你真的掌握了;如果 AI 反馈说"你的解释不够清晰",那你就需要再深入思考。换句话说,AI 不是你的"老师",而是你的"练习对手"。它不会代替你思考,但可以让你的思考变得更高效。

如何用 AI 生成个性化的学习材料?

在过去,我们获取学习资料的方式是固定的——一本课本、一堂讲座、几张 PPT。而在 AI 时代,你可以让 AI 根据你的需求,生成真正"量身定制"的学习材料,让学习变得更加精准高效。

你可以让 AI 做什么?

◉ 用不同方式解释同一概念:

"用日常生活的例子讲解熵增定律。"
"用搞笑的方式解释电磁感应。"
"假设我是十岁的孩子,请告诉我什么是黑洞。"

◉ 生成练习题,检测自己是否掌握了知识:

"请给我出 5 道关于费曼学习法的测试题。"
"请根据我的错误,告诉我哪个部分的理解还不到位。"

◉ 帮你整理学习笔记,生成思维导图:

"请总结这篇论文的核心观点,并列出 3 个关键结论。"
"帮我把这本书的主要内容整理成思维导图。"

在 AI 时代,学习不再是"看别人讲",而是主动"让 AI 按照你的需求提供内容"。但请记住,AI 只能提供信息,如何把信息变成你的知识，还是要靠你自己去思考、重述、讲解。

让 AI 作为你的"假想学生"。如果费曼学习法的关键是"教会别人"，那 AI 就是你最好的"假想学生"。你可以尝试这样做：

> 选择一个知识点（比如"熵增定律"）。
> 用自己的话向 AI 讲解。
> 让 AI 复述你的讲解，看看它是否理解正确。
> 观察 AI 的反馈，如果 AI 说"你的解释不够清晰"，那你需要重新组织语言。

这不仅能帮助你检查自己对知识的理解，还能让你在解释过程中不断优化自己的表达方式。**如果你能教会 AI，那说明你真的掌握了！**

这是一种极其高效的学习方式，因为它不仅逼迫你用自己的话解释，还能帮助你及时发现知识盲区，并不断优化你的表达能力。

AI 不能替代你的大脑，但能让你学得更好。很多人误以为 AI 时代的学习就是"让 AI 讲给我听"，但真正的学习方式应该是"让 AI 帮助我讲出来"。AI 不是你的"老师"，而是你的"练习对手"，它可以帮你优化讲解、整理知识、发现盲区，但最终，你还是需要自己去思考、去表达、去真正掌握知识。

所以，不要让 AI 变成你学习的"拐杖"，而要让它变成你的"训练器"——一个帮助你思考得更清晰、讲解得更流畅、学习得更高效的工具。在 AI 时代，真正的高手，不是那些会用 AI 查资料的人，而是那些能用 AI 训练自己思维的人！

10.3 互动学习的新时代：如何用AI做自我测试？

学习不是简单地"听"或"看"，真正的掌握需要不断地输出和反馈。而 AI 时代的到来，让我们可以随时随地进行个性化测试，不再依赖老师或标准化考试，而是让 AI 变成你的私人考官、分析师和导师，帮助你找到知识盲区，提供针对性的学习建议。

想象一下，你正在准备一门考试，或者只是想测试自己对某个知识点的掌握程度，过去你可能会翻阅课本、找题库，甚至要自己出题。而现在，AI 可以成为你的"私人出题官"，为你量身定制测试内容。

你可以试试这样对 AI 说：

> "请为我出 5 道关于量子力学的选择题，难度逐步增加。"
> "请根据这篇文章的内容，给我设计 3 道简答题。"
> "请模仿 GRE 逻辑推理的风格，出 2 道题目。"

不仅如此，你还能让 AI 提供答案解析，比如：

> "请告诉我这道题的正确答案，并解释为什么。"
> "请用更简单的方式讲解这个概念，让我更容易理解。"

甚至，你还可以让 AI 扮演考官，模拟面试或口试：

"请扮演一位教授，对我进行 10 分钟的模拟口试，内容围绕认知科学。"

"请扮演 HSK（汉语水平考试）6 级的考官，给我出 3 道中文口语考试题目。"

这种互动测试方式，能帮助你快速发现自己还需要加强哪些方面。

通过 AI 分析你的错误，找到知识漏洞。做完 AI 生成的测试后，下一步就是分析你的错误。过去，我们往往需要等待老师批改试卷，才能知道自己的弱点。但现在，AI 可以在几秒钟内帮你标注错误，并指出你的知识漏洞。

试试看，你可以把你的答案输入 AI，让它帮你分析：

"这是我对这个问题的回答，请你指出错误并告诉我正确答案。"

"请分析我在这篇作文中的逻辑错误，并给出修改建议。"

"我做错了这道数学题，能不能一步步告诉我哪里出了问题？"

更进一步，你可以让 AI 归纳你的错误模式：

"请总结一下我在这次测试中最常犯的错误类型，并告诉我如何改进。"

"请告诉我，我在哪些方面的理解还不够透彻。"

这种即时反馈能让你快速调整学习策略，而不是等到考试后才发现自己哪里不行。

如何用 AI 生成针对性的学习建议？ AI 不仅可以帮你测试，还能根据你的学习情况，提供专属的学习计划。换句话说，它可以成为你的"私人学习顾问"。

你可以让 AI 根据你的测试结果给出建议，比如：

> "请根据我的错误分析，为我制订一个 7 天的复习计划。"
>
> "请推荐 3 本适合我水平的书籍，帮助我理解这个概念。"
>
> "请根据我的错题，给我安排每天 10 分钟的小测验。"

更进一步，你甚至可以设定 AI 作为你的长期学习伙伴：

> "请跟踪我的学习进度，每天给我布置 3 道新题。"
>
> "请扮演一位严厉但友善的导师，每次我偷懒时提醒我继续学习。"

这让你的学习不再是单向的输入，而是一个动态、持续优化的过程。

AI 时代的学习，不只是获取知识，更重要的是优化学习过程。而 AI 作为测试官、分析师和导师，能帮助你找到盲区、优化策略，并提供个性化的学习路径。

但请记住，AI 只是工具，它可以帮你检测问题，却不能代替你去思考、理解和应用知识。真正的高手，不是那些依赖 AI 搜答案的人，而是能用 AI 训练自己思维的人。所以，把 AI 当作你的智能学习伙伴,利用它来测试自己、发现问题,并不断精进你的学习方式,让 AI 带你进入真正的**互动学习新时代**!

10.4 AI 辅助记忆:如何用科技让知识真正"刻在脑子里"?

很多人都有这样的经历:明明花了很多时间准备考试,刷题、背笔记、反复阅读,感觉自己已经掌握得差不多了,可是一进考场,脑子就像突然断了电,很多知识点想不起来,答题磕磕绊绊。更别说几天后回头复习,发现自己好像又从头开始。这时候我们常常会以为是自己记忆力差,其实不是。

我们的大脑本身就不是为记住所有信息而设计的,它的本能是"忘记"。只有那些被反复激活、真正理解、经常用到的知识,才有可能在我们的大脑留下痕迹。也正因为如此,传统的学习方式——靠重复堆积记忆,往往效率低,而且很容易在关键时刻掉链子。AI 的介入,正好在这个薄弱环节上,提供了一种新的可能。

与其说它帮你"记得更多",不如说它帮你"记得更准"。AI 可以根据你的学习记录,预测哪些内容你可能快忘了,哪些知识点你掌握得还不牢,然后在恰当的时间提醒你重新温习。这样一来,复习不再是盲目地"从头来过",而是更有针对性地巩固真正容易遗忘的知识。不仅如此,借助 AI 工具,你还可以把知识结构整理得更清晰。比如用思维导图把学过的内容系统化，或者利用AI生成的摘要，把一本书的要点快速提炼出来，再用自己的语言重新梳理一遍。这样做，不是为了省事，而是为了帮助你主动加工和吸收知识，而不是被动接受。

真正有效的学习，不是靠堆时间，更不是靠死记硬背。而是让知识一点点"沉下去"，沉到你真的能用出来的时候。这背后需要方法，也需要工具。AI，不是替你学，而是帮你学得更有方向。

打败遗忘曲线：用 AI 实现高效复习。心理学家艾宾浩斯提出的**遗忘曲线**告诉我们，如果不进行复习，大脑会迅速丢失新学的信息。然而，**什么时候复习、复习哪些内容，才最有效?**这就是间隔重复法的关键，它的核心思路是——**在即将遗忘的时候复习，而不是机械重复**。什么时候复习、复习什么内容，这才是决定你能不能记住知识的关键。换句话说，你需要在大脑"快忘掉"的时候，把知识重新唤醒，而不是等它彻底删除之后才来重装。像是在记忆的边缘拉一把，把它再拖回来，反复几次，知识就慢慢沉到你脑子深处去了。

这听起来很复杂，但在 AI 工具的帮助下，其实已经变得非常简单。比如"墨墨背单词"和"扇贝单词"这样的App，背后的原理就是基于间隔重复法。它们会自动记录你的学习进度，在你快要遗忘一个单词之前提醒你重新温习一遍，从而最大限度地延长记忆的"保鲜期"。你不需要记住什么时候复习什么内容，系统会帮你排好时间表。

而如果你不只是背单词，而是需要整理更庞杂的知识体系，比如专业课程或者考试资料，那你可以把Notion、wolai这些

第 10 章 数字时代的费曼学习法——如何用 AI 和科技工具辅助学习

笔记工具结合 AI 用起来。你可以像做卡片一样把知识点一条条输入，然后让 AI 帮你重新组织、分类、生成问题。下一次打开时，它可能不是把你原封不动的笔记呈现给你，而是抛出一个你曾经答错过的问题，帮你主动"激活"记忆。一些更专业的 AI 学习平台，甚至已经可以根据你的答题行为、错误类型，给出更精准的复习建议。你不用再被迫"地毯式复习"，而是可以把注意力集中在那些你真正掌握不牢的知识点上。学习变得更像是一场对话，而不再是一场硬撑。

听觉记忆的力量：用 AI 语音工具强化学习。我们的大脑对"听见"的东西，有一种奇妙的敏感度。就像有人一看到乐谱脑袋就疼，但一听旋律就能跟着哼出来。相比枯燥的视觉信息，声音能更轻易渗透进潜意识，在你不经意的时候，被反复唤醒。心理学家称之为"耳虫效应"（Earworm Effect）你以为自己忘了，但那句旋律、那段话，一旦触发，立刻回荡在脑中。而 AI 的发展，正好帮我们把这种记忆优势变成学习利器。现在，许多语音工具已经可以把你原本要"死记硬背"的内容变成"随听随学"的资源，让你在早上刷牙、挤地铁、跑步或做饭时，不知不觉就完成了一轮复习。比如，"讯飞听见"或"腾讯智能语音"这些工具可以把你的课堂笔记、PDF 资料转成语音，一键导出成可以随身携带的"知识播客"。你不再局限于坐在桌前看书，而是把学习延展到生活的缝隙里。还有"喜马拉雅"的 AI 朗读功能，简直就是为忙碌的学习者定制的"听书机"。你只要把想学的内容导进去，就可以像听小说一样轻松播放。无须费劲读字，你可以一边散步一边听，知识就像背景音乐一样进入大脑。

微信读书也不甘示弱，最近的TTS（文本—语音转换）功能已经能做到相当自然的朗读效果。无论是学术文章、经典著作，还是零碎的阅读片段，你都可以设定AI朗读，让手机替你念出来。看不进去书的时候，听也一样有效。

这些工具带来的，不只是效率的提升，更是一种学习体验的改变。它让知识不再是一种"端坐式输入"，而是变得像一场耳边的对话，像一句句轻声细语的提醒。你不是在逼迫自己学，而是在让生活慢慢包裹学习本身。

● 小试牛刀 ●

如果你想强化记忆，可以让AI以不同语调、不同风格朗读知识点。例如，你在学"经济学原理"，可以让AI先用正式风格朗读，再用轻松幽默的口吻讲解，这样你更容易理解和记住。

动态复习：让 AI 适应你的遗忘曲线。传统的复习方式通常是定期回顾，比如每周复习一次，但这种方法并不高效。有些知识你已经掌握，不需要频繁复习；而有些容易遗忘的知识点，你却没有及时巩固。这正是传统复习的弊病：它对每个人一视同仁、对所有知识点一视同仁。但我们不是复制人，每个人的遗忘曲线、知识盲区都不一样。艾宾浩斯的遗忘曲线告诉我们：遗忘是有规律的，而复习也应该因人而异、因内容而异。

幸运的是，AI 正在改变这一切。

现在，像百度的文心一言、讯飞星火这样的智能助手，不再只是"答题机器人"，它们可以根据你的学习情况生成一份

"遗忘画像"。换句话说，它们知道你在知识的哪些部分掌握得好、哪些部分还停留在"记得一点点"的状态，并据此帮你定制复习节奏。你再也不用靠"猜"来决定今天复习什么。还有像学而思的 AI 教练、网易有道的 AI 题库，它们不只是简单地"出题"，而是像一个懂你的私教，会分析你的每一道错题，找出背后的模式，预测你的薄弱点。你在做题的过程，其实就是在跟自己过往的思维漏洞对话，精准、高效，不浪费一分力气。此外，像 DeepSeek 或文心一言这样的大模型，甚至可以根据你目前的掌握情况为你"量身打造"一张专属测试卷。这些智能工具提供的不再是那种"一锅乱炖"式的题海，而是能直击你知识短板的分析，真正做到不会的重点练，会的少浪费，让你的每一分钟都用在刀刃上。

这就是 AI 赋予我们学习的全新可能：不是机械重复，而是动态更新；不是泛泛而谈，而是精准聚焦。

10.5 数字化学习的陷阱与误区：如何避免"伪学习"？

在人工智能、大数据、个性化推荐算法高度发达的今天，学习的门槛似乎变得越来越低。几乎任何问题，你都可以在 DeepSeek、文心一言或者哔哩哔哩的知识区找到解答。AI 甚至可以帮你整理笔记、生成思维导图、自动总结一本书的核心观点,看起来,我们似乎比以往任何时候都更容易获取知识。

但你是否有这样的感觉——学了很多,却没有实质性的进步? 读了一堆文章,但一问就忘?收藏了无数学习资料,却很少真正消化?这正是"数字化学习陷阱"的典型表现。科技确实能帮我们学习,但如果用得不对,它也会让我们陷入"伪学习"的假象。

你真的在"学",还是在"让 AI 代劳"? AI 工具就像一位超级助理,可以帮你整理知识点、解释难懂的概念……但这也带来一个问题:当 AI 变得足够强大,你是否还愿意主动思考?

过度依赖 AI 的风险。(1)被动接受信息,而不是主动理解。以前,我们要理解一个复杂概念,可能需要反复思考、推敲,甚至查阅多种资料。但现在,AI 一秒钟就能给你一个完整的答案,甚至能用比你自己总结得更好的语言表达出来。但你真的"掌握"了吗?还是只是"看懂"了?(2)跳过"费曼学习法"最重要的一步:用自己的话解释。费曼学习法强调"用自己的话讲解知识",而 AI 的强大让我们越来越习惯于接受而非自己总结标准答案。长期下来,我们可能会失去独立思考和组织语言的能力。

如何避免 AI 代劳思考? AI 最好的用法,不是取代思考,而是像镜子一样,帮我们校正自己的理解。就像学开车时,有教练在旁边提醒,但方向盘得用你自己的手握住。试着在提出问题之前,先停下来,自己想一想:"如果让我解释这个概念,我能说清楚吗?"然后,把你的解释说给 AI 听,让它像一个挑剔的"假想学生"一样提问、质疑、挑战你。这个过程,其实就是费曼学习法的现代演绎。

把AI当成搭档，而不是拐杖。你负责探索，它负责反馈。你讲给它听，它帮你检查逻辑是否通顺、是否有遗漏。这时候，AI不再是"喂答案的机器"，而成了你思维的陪练、洞察的辅助。只有当你开始用AI锤炼自己的表达、雕刻自己的理解，而不是用它来替你思考，那些真正属于你的洞察力，才会慢慢长出来。

如何在科技时代保持专注？ 如果说AI代劳思考是"懒惰性陷阱"，那么信息过载则是"注意力陷阱"。在这个信息爆炸的时代，我们每天都会接触到大量知识，但真正能记住和吸收的，往往只是冰山一角。

最典型的情境是什么？你也许已经习惯在深夜刷到一个知识博主分享的书单，果断收藏；又或者看到一门看起来"全网最系统"的在线课程，立刻加入待学清单。但这些资料，很快就沉入你的笔记软件、浏览器标签页，像无人认领的行李，永远静静地躺在"以后一定要学"的虚空里。我们不是缺乏资源，而是被资源压得太重。

更有甚者，在AI工具加持下，获取知识变得如此容易，以至于我们忍不住一口气想学完所有——早上用DeepSeek学Python，下午刷播客听英语，晚上打开一门心理学网课，恨不得24小时都进行学习。可当大脑没时间消化、内化这些知识，就像囫囵吞下的食物，再多也无营养。问题不是我们不够努力，而是我们太容易被"学习的幻觉"所欺骗。知识的洪流并不会自动变成智慧的湖泊，除非你学会停下来，把真正重要的部分抓在手里。真正的学习，从来不靠"学多少"，而是"留下了多少"。

如何在信息洪流中保持专注?

设定"输入—输出"比例：学 30 分钟，就用 10 分钟总结，防止大脑成为信息的"过道"而不是"仓库"。

限定每天的学习主题：一天内只深度学习 1～2 个主题，而不是东学一点、西学一点。

定期清理"学习待办清单"：不是学得越多越好，而是学到的知识有多少真正内化了？

数字化学习如何保持"深度思考"？ 数字时代的学习，容易让人"停留在表面"，而不是深入理解。AI 可以帮你整理笔记，但它不能替你思考，真正的"掌握"需要我们主动构建知识，而不是仅仅接受信息。

很多人误解了 AI 的真正价值。他们把它当作一个"超级百科全书"，只要问一句，它就能答十句。但真正让人进步的，从来不是知道答案，而是学会提问。爱因斯坦曾说："提出一个问题往往比解决一个问题更重要。"这句话在 AI 时代，变得格外有力量。

试试把 AI 当作你的私人导师吧，不是那个你一问就答、千篇一律的搜索引擎，而是那个善于激发你思考、追问、反驳、质疑的"苏格拉底"。比如，你正在学习一个复杂的理论，不妨反过来请 AI 问你："这个概念和你之前学的 ×× 有什么关联？""如果你要用一个生活中的比喻来讲清楚它，该怎么说？""如果这个理论被推翻了，会是什么原因？"这些问题的力量，不在于 AI 的答案，而在于它激起你脑海里那些尚未联通的神经元，让你开始真正动脑，而不是机械接受。当然，也可以让 AI 成为你的辩论对手。你持有一个观点，不要着急去证明它，而是请 AI 站在你的反面立场和你争论一番。这不仅能暴露你逻辑中的漏洞，还能训练你从不同角度理解问题。你在读经济学，不妨让 AI 以凯恩斯学派和货币主义者的身份"互怼"一场；你在研究教育理论，也可以让它模拟"传统主义者"与"建构主义者"的辩论。这种"思维对撞"，远比你一个人孤芳自赏来得深刻。

但是，AI 再聪明，它终究不是你大脑的延伸。真正的内化，往往还需要"慢"的手段——比如手写。是的，在这个屏幕无处不在的年代，拿起笔写下你的理解、问题、思路，看似原始，其实是点燃深度加工的火种。你可以用 AI 帮你梳理资料，但别让它替你消化内容。那些你用笔一笔一画写下来的知识，才会真正变成你自己的语言、自己的逻辑、自己的理解。

我们正处在一个学习效率史无前例高的时代，知识触手可及，工具层出不穷。但如果你只是"用得快"，而忘了"想得深"，那 AI 只会让你在浅层认知里打转。真正的高手，是懂得借力的，而不是让科技代替思考。当你学会和 AI 一起思考，而不是由它来代替你思考，你就拥有了一把通往深度学习的钥匙。

记住，真正的学习，不是看过、记住，而是能讲出来、能用出来。在这个 AI 时代，**不要做知识的"搬运工"，要做知识的"创造者"**。

那么，下一次，当你打开 AI 进行学习时，试着问自己："我真的理解了吗？"

10.6 AI 如何与费曼学习法完美结合？

如果说费曼学习法是一种最有效的学习方式之一，那么AI就像是给这套方法装上了"助推器"，让它变得更智能、更高效。很多人用AI只是为了查资料、找答案，但如果把AI和费曼学习法结合起来，你会发现：AI不只是信息检索工具，更可以成为你的学习搭档，帮你训练表达、发现知识漏洞，让你的学习更上一层楼。

AI负责检索信息，你负责讲解和归纳。在传统的学习过程中，我们往往需要花大量时间去翻书、查资料、做笔记，而AI可以帮你把这些琐碎的事情搞定，让你把更多精力放在真正重要的事情上——理解、讲解、归纳和应用知识。

正如前文所提到的AI的角色那样，你可以将它当作你的"思维助手"。这位助手最大的差别在哪？在于提问的方式。如果你问的是"相对论是什么"，它会给你复制粘贴一堆教科书语言；但如果你问的是"用生活比喻解释相对论，比如开车的人看到光速变化，会发生什么"，AI就会像你身边那个热心但知识丰富的朋友，耐心地给你讲一段你真能听懂的解释。这个过程，省下了你在海量网页中"扒答案"的精力，也减少了你因为看不懂而产生的挫败感。当你面对一篇50页的论文或一本400页的学术书时，AI还能帮你做"摘要助手"。是的，它能迅速提炼出论文的核心观点，帮你梳理出论文的逻辑结构，但请记住，这只完成了第一步。真正的学习，仍需要你动脑——用自己的语言把这些观点再说一遍，把它们装进你自己的知识体系里。就像阅读说明书和亲自拆装机器的差别——前者是理解，后者是掌握。

一个非常实用的方法是，让 AI 先帮你总结某个主题的三个关键观点，然后你关掉屏幕，尝试自己用最简单的方式复述一遍。你可能会发现，原本"觉得懂"的知识，其实还未完全掌握。这正是"知识压缩"的过程：当你能用一句话讲清楚一件复杂的事，那才是理解的极致。

所以，别把 AI 当作一个"知识仓库"，而应当作你桌边的白板，在一问一答之间，不断帮你校准、精炼、打磨你的认知。你不是在让 AI 替你学习，而是在和它一起练习：练提问，练总结，练表达，最终练出你自己的学习系统。

让 AI 成为你的"对话学习伙伴"，帮助你训练表达能力。费曼学习法的核心在于——**如果你无法把它讲得简单明了，那就说明你还没有真正理解它。**过去，我们只能在课堂上向朋友或老师讲解，但现在 AI 可以成为你的"假想听众"，随时随地帮助你训练表达能力。

还记得我们小时候玩过"老师和学生"的游戏吗？小朋友拿着粉笔，假装在黑板上教"1+1=2"，台下的玩偶或小伙伴则一本正经地扮演学生。你可能没意识到，那其实是最初的"费曼学习法"雏形——试图讲清楚一件事，是理解它的最快途径。而现在，我们终于有了一个永远不会害羞、永远在线而且可以无限扮演各种角色的"AI 学生"。这不是科幻电影，它是真正可以帮你训练讲解能力的现实工具。

试着把你正在学习的一个概念讲给 AI 听。你就是老师,它就是学生。但别指望它像一般学生一样点头称是——它会打断你:"这个比喻听不懂,有没有更生活化一点的说法?""你说'系统的无序程度增加',可这和生活有什么关系?"这些"刁钻提问",正是逼你不断打磨语言、精炼逻辑、查缺补漏的最好方式。

别以为这只是语言游戏,其实这是深度思考的起点。很多时候我们以为自己理解了某个概念,只是因为我们读得懂。但当你必须"讲清楚"时,你会发现原来有很多盲区:哪些是概念混淆?哪些是逻辑断裂?哪些是记忆模糊?讲得越多,这些地方暴露得越快。

你甚至可以进一步升级玩法——让 AI 扮演与你"意见对立"的角色。比如你认为"费曼学习法是高效的",就让 AI 挑战你:"它真的适合所有人吗?""有没有可能让人陷入'讲得清却理解浅'的误区?"这时候,你的角色从"讲解者"变成了"辩手",开始训练自己从不同角度看待同一个问题。这不是一次死记硬背的重复,而是一场思维的拉锯战。你在解释中不断理解,在反驳中不断深化——从"我好像懂了",到"我真的能讲清楚了"。

我们以前总说,"教是最好的学",但大多数人没机会真正去教别人。而现在,有了 AI 这个"永远不嫌你烦的学生",你终于可以在书桌前、地铁上甚至洗澡时,与它展开一场场深度对话。不是为了炫技,而是为了让大脑真正"动"起来。

费曼学习法 + AI = 更高效的学习未来。AI 的出现,并不是要取代我们的思考能力,而是要解放我们的大脑,让我们把注意力集中在真正重要的地方——深度理解、有效表达、灵活运用知识。

想象一个普通的晚上，你下班回家，洗好澡，躺在沙发上，准备开始今天的学习时间。你打开学习清单，上面写着三个字："博弈论"。这三个字你看了无数次，却一直没敢真正开始——太抽象，太烧脑。但今天不一样，你有了一个聪明的搭档。

> 你告诉AI："我想弄懂'纳什均衡'。"
>
> 几秒钟后，它回应你："好，我来讲个例子：你和室友每天都想抢热水器洗澡，如果你们都不沟通，每人都选自己觉得最佳的时间，最后结果可能对两人都不理想。'纳什均衡'就是你们都找到了一个谁也不想再改动的时间点——因为改了反而更差。"
>
> 你一下子笑了出来，这居然是博弈论？从来没想过，它离自己的生活这么近。你开始尝试用自己的话向AI讲解："所以说，纳什均衡不一定是最优解，而是一个谁都不动的妥协点？"
>
> AI点头："你说得很接近！但你能解释一下，为什么它不是最优解吗？"

它不是在考你，它像个认真又好奇的学生，不断发问，追着你把含糊的地方讲清楚。每一次"等一下……这个我得想想"，都是你识别知识漏洞的时刻。

讲完之后，AI立刻生成一份测验题，全是围绕你刚才的讲解设计的，不再是死板的选择题，而是"请分析现实生活中一次'纳什均衡'的决策过程"。你做完后，它告诉你，逻辑很好,但你在解释"多人博弈"时有点跳步,于是,它为你安排了一个三天后的回顾提醒,并附上更进阶的案例,比如足球点球大战中的心理博弈。你突然发现,自己竟然在轻松的对话中学会了一个原本以为"需要熬夜啃教材"的理论,而且是真懂——能讲出来、能应用、能辩论。

这,不再是过去那种死磕式学习,不是刷100道题,只为背下一个定义。而是从一个简单的生活类比出发,进入深层理解,再通过讲解、互动、测验、复习,让知识从"外来输入"变成"内在生长"。

AI没有代替你思考,它是那个让你忍不住想得更深的伙伴。费曼学习法也不再只是写在纸上的方法论,而是一种随时随地可以点燃的学习方式。而你,不知不觉,从一个"内容接收者"变成了一个能讲、能问、能拆解的思维训练者。

用AI放大你的学习能力,而不是削弱它。 AI不是学习的终点,而是学习的加速器。我们要避免成为"被AI牵着鼻子走"的学习者,而要学会驾驭AI,让它成为我们思维的延伸、表达的助手、知识的陪练。

真正的学习,从来不是记住多少,而是能不能用自己的话讲出来,能不能举一反三,能不能灵活运用。**费曼学习法+AI,能让这一切变得更加可能。**

那么,现在就打开AI,试试用自己的话向它讲解一个知识点吧!看看你能不能让AI真正"听懂"你的解释。